JN217301

挑発的ニッポン革命論

煽動の時代を生き抜け

モーリー・ロバートソン
著

目次

はじめに――新たなる情報戦争の幕開け

今、「兵器化《ウエポナイズ》された情報」が世界中で市民社会を蝕《むしば》んでいます。客観的事実よりも、ある個人や特定の集団にとっての〝都合のいい正義〟ばかりが巧みに発信・拡散され、それが本来あるべき検証プロセスを経ることなく、広く支持されるに至ってしまう――そんな事例が多発しています。

その強力なエンジンとなっているのが、英語圏などで急速に一般化した政治的なインターネット・ミーム（以下、ミーム）です。ミームとは本来、写真やイラストなどの画像にコメントなどの文字情報を加え、ネタとして楽しむためのものだったのですが、最近ではフェイクニュースと呼ばれる「報道の形をしたデマ」や偏ったイデオロギーによって巧妙に〝味付け〟され、政治的煽動のために悪用されています。

２０１６年の米大統領選挙でドナルド・トランプが旋風を巻き起こしたのも、ミームの威力と決して無関係ではありません。トランプを強力に後押ししていた極右政治ムーブメント「Ａｌｔ《オルト》‐Ｒｉｇｈｔ《ライト》」は、もともとなんの政治性もなかった「Ｐｅｐｅ《ペペ》」というカエルのイラストを勝手に自分たちのシンボルに仕立て上げ、そのイラストをさまざまな政治的主張と組み合わせることで、人々の潜在意識へより深く浸透することに成功してきたといえます。また、トランプ大統領本人もツイッターではしばしば趣味の悪いミームをリツイートし、支持者たちにアピールしています（例えば２０１７年7月2日には、敵対している大手放送局ＣＮＮに見立てたレスラーをトランプがタコ殴りにするというミーム動画を堂々とリツイートしていました）。

ただし、もちろんミームはトランプ支持派の専売特許というわけではなく、大統領選ではヒラリー・クリントン支持派もバーニー・サンダース支持派もさまざまなミームを拡散させていました。その結果、今やミームは人々の価値観が二極化したアメリカ社会の分断の象徴になってしまったとさえいえる状況です。

単なるネット上の画像に、そんな破壊力があるのか。さすがに考えすぎではないのか。そう思われる方も多いでしょうが、実は２００５年の時点で、すでに米海軍司令部の中佐がミームの軍事利用を提案する論文を発表していました。その論文は、「敵のイデオロギーを敗北させ、敵方の非戦闘員の意見を自分たちに好意的な方向へ導くことを目的として〝Meme《ミーム》 Warfare《ウオーフエア》 Center《センター》（ミーム戦司令部）〟を設置し、戦略的にミームを利用すべきだ」と論じています。実際、その翌年にはＤＡＲＰＡ《ダーパ》（米国防高等研究計画局）がミームの軍事利用に関する研究を行なうことを発表していますから、ペンタゴン（米国防総省）は当時から、来るべき情報戦争の時代に備えようとしていたのでしょう。

ＤＡＲＰＡで研究を行なった学者は、ミームの効果を〝Ｉｎｆｏ《インフォ》-ＰＩＰ《ピップ》〟という造語を用いて説明しています。Ｉｎｆｏは〝information（情報）〟。ＰＩＰは〝propagate（拡散）〟、〝impact（影響）〟、〝persist（余韻）〟の頭文字です。ある情報を拡散させた後、どのような人々にどんな規模で浸透したのか。その人々はさらに拡散するか。個人の行動や社会がどう影響され、それはどのくらいの期間続くのか。それはどの程度、人々に記憶されるのか……。まさに、情報を兵器化しようとしていたことが見て取れます。

ただし、今になって振り返ってみれば、米軍より前に兵器化されたミームを効果的に利用したのは、ＩＳ（イスラム国）のテロリストたちでした。あのおぞましい首斬り動画をはじめとする過激なミームを世界中にバラまくことによって、彼らは最小限の行動で最大限の恐怖を生むことに成功したのです。言い換えれば、ミームとはもともと主流派ではなかった陣営が、一気に社会を揺さぶるためのカウンター戦略として非常に有効に機能するものだったのです。立候補を表明した当初は泡沫《ほうまつ》候補にすぎなかったトランプの躍進にミームが果たした役割についても、こうした文脈でとらえることが可能でしょう。

日本に排外主義的ポピュリズムが上陸する日

人間という生き物は、えてしてスッキリした、わかりやすい「正義」という物語の中に逃げ込みがちです。そして、その限定的な世界観を共有する人々が、互いに共感し合いながら怒りや不安を増幅させていく——この原理を利用するのが、煽動政治《ポピュリズム》やテロリストによるプロパガンダの基本的な方法論です。実際には、煽動に乗せられて怒り狂う、あるいは抱えきれない不安をぶちまける人々の多くが自分自身の中に弱さなり、人生の苦労なりを抱えていて、それはポピュリストの提案する「単純明快な解決策」ではとうてい改善されないことがほとんどなのですが……。

近年はSNSやミームといった〝拡散ツール〟が登場し、煽動者たちがそれを大いに利用していますが、こうしたポピュリズムの基本原理そのものは、実は昔からずっと変わっていません。

例えば2016年の米大統領選挙では、トランプが大衆（主に白人たち）の導火線に火をつけ、次から次へと怒りの対象（ムスリム、不法移民、エスタブリッシュメント、銃規制反対派……）を提示して〝燃料〟を投下し続けました。この構造は、19世紀半ばから20世紀前半にかけて、アメリカなど白人国家で起こった「黄禍論《おうかろん》」と同じです。黄色人種が白人国家に入り込み、ものすごいスピードで〝繁殖〟して、そのうち国を乗っ取ってしまう。だから、今のうちにこれを制限しなくてはいけない——そんなロジックで正当化された人種差別でした。ある「脅威」を設定し、それを強力に焚《た》きつけたとき、人々の中にパラノイアが生まれるのです。

これは日本にとっても他人事ではありません。ツイッターやフェイスブックなど、煽動が拡散するためのツールは同じように存在しますし、実際に2011年3月の福島第一原発事故の直後、科学的な検証を無視して放射能の危機をむやみに煽るようなデマ情報や、ミームまがいの画像・映像が大量に拡散されたという前例もあります。

また、日本ではいつまでたっても移民に関する議論が遅々として進みませんが、これだけ少子化が進み、しかも今後も出生率の劇的な改善が見込めないとなれば、将来的にはどう考えてもある程度は受け入れざるを得ない。問題は「いつ」「どのような形で」受け入れるかという点だけで、「やらない」という選択肢はありません。しかし、具体的な議論から人々が逃げ続けているうちに、デッドラインは刻一刻と迫っています。

このままの状態で、あるときデッドラインが来てしまったとすると、間違いなく日本人はパニックになるでしょう。ただでさえ外国人に対するアレルギーが強い日本社会では、日頃から来日外国人や在日外国人（特に中国人）との間でミスマッチが起きています。外国人観光客が深夜でも騒いでうるさいだとか、日本に住んでいる外国人はゴミの出し方がおかしいだとか……。たとえ個々の言い分にはうなずける部分があるのだとしても、すべてにおいて「郷に入れば郷に従え」的にルールを強制し、それがいやなら追い出せばいい、というような空気が醸成され始めたら――そう、排外主義的なポピュリズムの嵐が吹き荒れる条件が出そろってしまいます。欧米各国で猛威を振るう極右旋風は、いつ日本に上陸してもおかしくないということです。

どこを締めて、どこを緩めるのか。どういう文化の違いがあって、どうやったら日本のルールや美意識を相手と共有できるのか。差別を糾弾したり、差別された人に同情したりするだけではなく、本当の意味での共生を模索しなければならない。はっきり言えば、とても面倒くさい作業になると思います。でも、それに向き合うことなく、魔法のように社会を変えることなどできない。時計の針を戻すことができない以上、議論する能力、物事を検証する能力を上げていき、排他性よりも多様性を推し進めるしかないのです。

「ガチンコの議論」に必要なもの

申し遅れましたが、簡単に自己紹介をします。

僕は米国籍ですが、父はスコットランド系アメリカ人の医師、母はジャーナリストをやっていた日本人。いわゆる日米ハーフです。１９６３年に米ニューヨークで生まれ、５歳のときに父の転勤で広島に移り住み、日本語（当時は完全に広島弁）をマスター。その後、再び父の仕事の関係で13歳のときにアメリカに戻ってから、中高時代は日米を行ったり来たりの生活を送りました。

日米どちらの社会でも、僕は〝浮いた存在〟でした。アメリカでは人との距離感がちょっとおかしな、女にモテない日本育ちの変なヤツ。一方、日本では不良アメリカ人扱いされることがしばしば。ずっと違和感の中にいました。その後、東京大学に現役合格したものの、入ってみると強烈な違和感を感じてすぐに辞め、同じ年の秋にはハーバード大学に入学するため渡米。浮き沈みの激しい10代でした。

20歳を過ぎてからは、『よくひとりぼっちだった』（文藝春秋）という自叙伝を出したり、テレビ番組のレポーターをやったりと、アメリカにいながら日本で文化人タレントのような仕事をしつつ、ハーバードでは電子音楽を学びました。その傍ら、全米各地を回ってカウンターカルチャーのレジェンドといわれるおじいさんたちに会いに行ったり、急に思い立って何年か魔術師に師事してみたり。大学卒業後は日本に戻って、ラジオ番組を持ったり、まだインターネットが発展途上の時代から国内外での取材映像を配信したり……。

駆け足で紹介すると意味不明かもしれませんが、そうしたいろいろな経験が、自分のジャーナリストとしての原点になっています。

僕の目標は、日本に「革命」を起こすことです。ひとりひとりが自分を解放し、世界をフラットに見る視点を持ち、自分の頭で考えるべきことを考え、タブーなきディベートができるようになる――そんな「革命」。

今、ネット上では思想的に右か左に大きく偏った人の声が目立ちます。けれど、現実の世界で一番多いのは、どちらにも賛成できない中間層です。彼らは、はみ出るのを恐れて何も言わない。何か問題があっても、発言も行動もせず、ただ息を潜めているだけ。そんなサイレント・マジョリティを解放したいのです。この本を読んだ人たちがその第一歩を踏み出してくれたなら、こんなにうれしいことはありません。

日本の大衆には、重要なチョイスの責任を引き受けなくていいという潜在意識——最後はどうせお上《かみ》（日本政府やアメリカ）が決めるんだ、という〝カラ約束〟や〝諦め〟——が骨の髄まで染みついてしまった世代が2、3世代います。いわゆる戦後レジームの影響なのかもしれませんが、みんなが自分にとって気持ちいい殻の中に閉じこもるばかりで、不都合なことは見て見ぬふり。ガチンコのディベートが起きない。

日本の左派野党が一向に存在感を示せない理由のひとつはここにあります。ハードなディベートがない社会では、反体制側の主張が弱々しい。もともと思想を共有している仲間だけでいくら盛り上がっても、批判に耐え得る主張は生まれません。よく考えてみれば現実味のない〝美しい物語〟を、無意識の部分で「まあ実現しないだろうな」と思いながら言い続けるだけ。その結果、体制との対話からますます遠ざかってしまうのです。

思い返されるのは、僕がハーバード大学に在学していた1980年代のアメリカです。当時のアメリカは、1960年代末からベトナム反戦運動、公民権運動、ゲイライツ運動などが盛り上がったことの反動もあり、保守派が盛り返して共和党のレーガン大統領が強固な政権基盤を築いていました。大学界隈《かいわい》にはリベラルな思想信条を持つ〝進歩派〟が多かったのですが、彼らはしょっちゅう「このままでは民主主義が終わる、アメリカが終わる」と言いながら、現実を直視せず、戦略も対案もなく、ただ綺麗事を並べてレーガン政権を批判するばかりでした。そんな体たらくでは狡猾《こうかつ》な共和党にダメージを与えることはできず、むしろ保守派の結束を強めるばかりだったのです。……この状況、どこか最近の日本とダブって見えませんか?

ただしその後、次第にアメリカのリベラルは過去の失敗を学び、ハードなディベートを日常化させていきました。その結果、もともと反体制側だった人が体制の内側に入り込み、仕組みそのものを変えるような「革命」があちこちで起こります。ビジネスで大成功し、ルール自体を変えてしまったアップルのスティーブ・ジョブズがまさにそうですが、ただのアンチ・エスタブリッシュメントではなく、中に入り込んで対流を生み出す——それが本当のカウンターカルチャーです。アメリカ初の黒人大統領であるバラク・オバマ前大統領も、広い意味でいえば出発点はカウンターです(トランプに言わせれば、オバマもエスタブリッシュメントの一員だということですが、彼の出自や、在任8年間でやってきたことを見れば、そうではないことは明らかでしょう)。

このようなハードなディベートを成立させるためには、その参加者たちが徹底的に「世界」を知っている必要があります。終わりの見えない中東地域での紛争。いつ着火するかわからない爆弾を抱えつつ巨大化する中国。行き過ぎた資本主義の被害者たちが不満を爆発させ、社会や政治を不安定化させている欧米諸国。こうした混乱に乗じて存在感を増すロシア……。こうしたあらゆる要素が複雑に絡み合う世界の現状を無視して、「日本人や日本文化は特別に素晴らしい」とか、「改憲論者は戦争を起こす気だ」などと無邪気に主張する人のなんと多いことか。そこにはそれぞれの小さな美しさがあり、言いたいことを言うだけで気持ちいいのかもしれませんが、結局それでは世の中は何ひとつ変わりません。それどころか、そんなもろい人々は、一歩間違えば兵器化された情報の餌食となり、煽動の波にあっという間に飲み込まれてしまうでしょう。権力者も、排外主義者も、差別されてきた人々も、そしてテロリストも、世界のあちこちでズル賢く社会を変えたり、自分たちの利益を実現したりしているのですから……。

〝ガラパゴスな日本では、今はまだ狭くて細かい〝棲《す》み分け〟がありますが、今後グローバル化がさらに進めば、あらゆるものが衝突しつつ存在するカオスな社会になる。そんな未来への漠然とした不安を持つのは無理からぬことですが、だからといって若い人たちが変化を恐れ、小さなノイズに反応して他者を叩いたり、〝決まり〟を守らない人を糾弾したり……と潔癖症になってしまうのはもったいないし、危険なことでもあります。保守的・排他的になるのではなく、数パーセントの不利益やカオスを「多様性」として受け止めて許容し、それ以上の利益を生み出す社会にしていきたいのです。本書では、そのために知っておくべき世界の事象や、そこに至る歴史の流れをできる限り紹介していきたいと考えています。

第1章

トランプ旋風と煽動政治《ポピュリズム》

9・11からフェイクニュースへ

2016年6月にイギリスの国民投票でEU（欧州連合）離脱（いわゆるBREXIT）が可決され、同年11月にはアメリカでトランプが大統領選挙に勝利。そして、2017年4月のフランス大統領選挙では極右政党の国民戦線（FN）党首マリーヌ・ルペンが決選投票にまで進出し、同年9月のドイツ連邦議会選挙では反イスラム政党「ドイツのための選択肢」が第3党に躍進……。欧米では昨今、多様性の時代に逆行するような排外主義的な右派ポピュリズムが猛威を振るっています。自由な言論空間が保障された民主主義国家、しかもリベラルな社会の融和を徐々に進めていたように見える先進諸国で、こうした現象がなぜ起きているのでしょうか？　本章ではアメリカを例にとり、その構造と歴史的背景を見ていきます。

振り返ってみると、現在の煽動政治ブームのきっかけは、2001年の9・11アメリカ同時多発テロにあったのではないかと思います。ご存じのようにアメリカでは、9・11の直後からしばらく愛国心一色となりました。

古今東西、社会のバランスが突如として崩れたとき、人々が疑心暗鬼に陥ってしまうのは世の常です。9・11の後には、その社会の揺らぎに「ネオコン（neoconservatism）」と呼ばれる軍産複合体絡みのタカ派政治勢力が便乗し、メディアでは右派系の大手放送局『FOXニュース』がブッシュ政権のお抱えメディアとしてイラク戦争の必要性を煽っていきました。また、当時はまさにネットユーザーが日々増えていった時代であり、保守系ニュースサイト『ドラッジ・レポート』などもそのムーブメントを下支えして、多くのアメリカ国民を〝右旋回〟させたのです。その後しばらくすると、イラク政府の大量破壊兵器保有という開戦理由がガセネタだったとの観測が広まり、リベラル勢が巻き返してアメリカ初の黒人大統領の誕生に至ったわけですが、今にして思えば、やはり9・11という事件によって排外的な意識（特にイスラム教への嫌悪意識）に「目覚めた」人が思いのほか多かったということでしょう。

9・11以前にも、世界各国に煽動政治が存在したことは間違いありません。しかし、民主主義国家におけるかつてのそれはあくまでも「旧き良き政治における場外乱闘」のようなもので、10カウントの前にはリングに戻るような暗黙の了解がありました。しかし、9・11以降はそうした最低限のマナーも消失し、ガチンコのストリートファイトのごとき〝煽ったもの勝ち〟の時代へ突入していったように思います。

そのひとつの象徴が、既存のルール自体を真っ向から否定するような言説の広がりです。例えば選挙に負けたら、それを受け入れるのではなく「陰謀だ」「不正があったからだ」と逆ギレする。こうした論理展開はその後ネット、特にソーシャルメディア上で名もなき市井の人々が声を上げられるようになったことで、一気に拡散していきました。しかも、その広がりは一国内にとどまらず、欧州など世界中へ浸透していったのです。

煽動とは、予期せぬことが起き、社会が不安に苛《さいな》まれたとき――とりわけその不安にどう対処するかについて、政治家や国民の意見がまとまらず、世論が二分されるような事態に直面したとき——に、特定のプレイヤー（もともとはマイナーな存在だったり、劣勢に立たされていたりする陣営であることも多い）が、ここぞとばかりに敵方勢力を攻撃する目的で行なうものです。テロや天災、あるいは原発事故といった突発的な危機に対し、国民が冷静な判断力を欠いたときこそ、「今まで皆さんは騙《だま》されてきたんです！」「目を覚ましてください！」という言葉が驚くほどよく染み渡る。そういうスキだらけの状態に乗じて、不安心理を極限まで高め、どんどん影響力を拡大していくのです。

こうした文脈で、アメリカにおけるトランプ旋風をひも解いてみましょう。

I トランプの「ネタ元」は誰なのか？

ロイ・コーン——赤狩り検察官にしてマフィア弁護士

２０１５年６月に米大統領選挙への出馬を表明したトランプは、当初は泡沫候補のひとりという扱いでした。その後、２０１６年２月１日のアイオワ州を皮切りに始まった共和党の候補者指名争いが進むにつれ、彼はどんどん支持を拡大していったわけですが、なぜ、あんな汚い暴言を吐きまくる老人が――それも、不動産王あるいはテレビ番組司会者としての知名度はあるものの、政治経験はゼロの老人が――人気を博しているのか、多くの人が説明に窮していたのを覚えているでしょう。日本でも、アメリカ通とされる人々の説明はほとんどが芯を食っていませんでしたし、それどころか現地アメリカのメディアでさえも、トランプの本当の強さを正しく理解できていなかったように思います。

僕が思うに、ひとつのポイントはトランプが多くのメディア、特にリベラル系メディアを散々罵倒《ばとう》し、挑発し続けたことです。その罵詈雑言《ばりぞうごん》たるや、橋下徹《はしもととおる》前大阪市長の比ではない。その戦略に、『ニューヨーク・タイムズ』や『ワシントン・ポスト』といった超一流メディアがまんまと乗ってしまったのです。

当初、彼らはひたすらトランプの失言を引用し、「バカ」と言わんばかりに真正面からこき下ろすだけで、言葉狩りのような低レベルな批判に終始してしまいました。あれでは、トランプお得意の「既存メディアはバカでウソばかり」という陰謀論交じりの主張がさらに支持されるだけです。

それに、当時のトランプの演説映像を見てみると、実際には「言われているほどヒドくない」ことも多々ありました（もちろんその逆のパターンもありましたが）。例えば有名なところでは、メキシコ移民を「レイプ犯だ」と決めつけたとされる暴言。実は、発言の前後をチェックするとそこまで断定的ではなく、ニュアンスとしては、「まあ、メキシコ移民の中にはレイプ犯もいるよな。なあ?」という感じ。もちろん相当に差別的な発言ではありますが、レイシスト(人種差別主義者)と呼べるかどうかギリギリのラインで踏みとどまっている――少なくとも、彼の支持者にとっては「アリ」。ただ好き勝手に暴言を吐いているのではなく、聴衆の本音を揺さぶる言葉を選んだ上での〝煽り〟だったのです。

そして、ここは日本人がなかなか理解しづらいところなのですが、アメリカの庶民はスーパーリッチが大好きです。マフィア的なものへの憧れもあります。ギャングスター系のラッパーが、白いリムジンに女性をはべらせるようなミュージックビデオは定番中の定番ですが、まさにあのイメージ。その意味では、トランプという人物は〝ど真ん中〟なのです。

実は、トランプのこうしたスタイルの〝ネタ元〟ともいえる人物がいます。名前はロイ・コーン。アメリカを反共産主義運動「マッカーシズム」が覆った1950年代、苛烈な「赤狩り」の先頭に立った悪名高き辣腕《らつわん》検察官です。

当時、コーンは自身がユダヤ系でありながら、リベラルな志向を持つユダヤ人たちを徹底的に糾弾しました。また、多くの証人や被告人に対して「同性愛の秘密をソ連に握られてスパイになった」というあらぬ嫌疑をかけ、公職から追放したことでも有名です(後に、なんと彼自身が同性愛者であったことが発覚したのですが）。頭が抜群に切れ、目的のためには手段を選ばず、敵対する相手を二度と立ち上がれなくなるまで叩きのめすタイプの人物です。

その後、弁護士に転身し、リチャード・ニクソンやロナルド・レーガンという共和党大統領の非公式顧問として暗躍したコーンが、トランプと深く関わるようになったのは1973年のこと。米政府司法省が、黒人の入居を不当に拒否したトランプの不動産会社を告発した際、コーンがトランプ側の弁護士として招聘《しょうへい》されたのです。

このとき、コーンはなんと、嫌疑が不当だとして米政府を逆提訴し、1億ドルを要求するという前代未聞の離れ業を披露します。結局、このすさまじい〝逆ギレ戦法〟で法廷闘争を示談に持ち込み、トランプ陣営は事実上勝利しました。

以来、この最凶コンビは、マフィアが跋扈《ばっこ》するニューヨークの不動産開発でも大いに活躍します（コーンは有名なマフィアファミリーの顧問弁護士でもあったのです）。その日々のなかで、トランプは「叩かれたら10倍叩き返す」という〝マフィア弁護士〟コーンのケンカ術を学んだのでしょう。

また、コーンは極右政治団体「ジョン・バーチ協会」のメンバーでもありました。反共産主義・反公民権運動・反民主党のためならどんな陰謀論も信じるような組織で、その結成メンバーのひとりに実業家のフレッド・コークがいます。

「コーク」という名前にピンときた人は、かなりのアメリカ政治通といえます。実は、近年勢いを増す右派政治運動「ティーパーティ」に資金を提供している大富豪・コーク兄弟の父親が、そのフレッド・コークなのです。つまり、ティーパーティの源流はジョン・バーチ協会にあり、その一員だったマフィア弁護士コーンがトランプの〝メンター〟だったということです。

また、この流れを受ける重要な登場人物がもうひとりいます。共和党の大統領候補者選びが始まる直前、2016年1月にトランプ支持を表明したサラ・ペイリン元アラスカ州知事です。2008年の大統領選挙で共和党の副大統領候補だった女性といえば、覚えている方も多いでしょう。

ペイリンは、「エバンジェリカル（福音派）」と呼ばれるキリスト教プロテスタント右派から絶大な人気があります。潔癖、マジメを是とするキリスト教右派にとって、お下品なトランプは本来なら支持すべき人物ではないのですが、そのトランプにペイリンがお墨付きを与えたのはなぜか。それはトランプが、マッカーシズムの時代から連綿と続く「白人右派」の本流だからでしょう。

白人が汗を流して働いた金が、税金として吸い上げられ、怠け者の非白人にバラまかれる。白人が長年築いてきた雇用が、アメリカの外に流れていく。このようなディストピア的な強迫観念は、トランプの演説に乗って白人有権者に広がっていきました。グローバリズムによって白人たちの〝特権〟が次々と取り上げられていく恐怖、絶望、怒り。トランプは適度な陰謀論をスパイスとしてまぶしながら、それを刺激してキリスト教右派の人々を惹きつけたわけです。トランプの演説は同じことの繰り返しで、中身もない――それはある面では事実ですが、かといってそういう批判だけでは、彼の〝マジック〟の正体は見えてこないのです。

深刻なのは、トランプが大統領に就任したからといって、彼を支持する人々が満足する世の中にはならないということです。グローバリズムが止まらない以上、中産階級以下の白人層の没落も止まることはない。言い換えれば、またいずれ「第二、第三のトランプ」が出現する下地は引き続き残っている。白人たちに〝煽動に乗ることの快感〟をすり込んだトランプは、アメリカ社会のパンドラの箱を開けてしまったのかもしれません。

ジョージ・ウォレス――人種隔離を訴えた南部戦略の父

米大統領選挙では、「南部戦略《サザン・ストラテジー》」という言葉がよく使われます。南部諸州の保守的な白人たち――黒人など他人種、あるいはムスリムなど（キリスト教徒から見れば）異教徒との融合を好まない〝不機嫌な白人〟たちを惹きつけるために、約半世紀にわたり共和党が用いてきた戦略です。昨年の大統領選挙で、共和党の指名を争ったトランプやテッド・クルーズが反移民的な発言を繰り返したのも、大きく見ればこの流れのなかにあります。

ところが、実はその〝雛型〟は共和党ではなく、民主党がつくったものだ……というと、驚く人も多いでしょう。現在では、「共和党＝ティーパーティなどに代表される白人保守層」「民主党＝史上初の黒人大統領を生んだリベラル層」というイメージがすっかり定着していますから。

実は、共和党と民主党のこうした関係は、約70年前までは真逆でした。歴史を順に追ってみましょう。

奴隷解放を訴え、1861年に就任した共和党のエイブラハム・リンカーン大統領は、南北戦争後の1865年に全米で奴隷制度廃止を実現しました。しかし、その反動で南部では黒人に対するリンチが横行し、白人至上主義団体「クー・クラックス・クラン（KKK）」もこの頃に誕生します。

すると、もともと奴隷制度廃止に反対していた民主党はKKKに接近し、差別的・保守的な白人層の支持を獲得。民主党王国となった南部諸州は、「ジム・クロウ法」という事実上の人種隔離政策を立法化するなど、黒人の人権に重きを置く共和党の政策に長年、抵抗し続けました。

しかし、第2次世界大戦後の1948年に大きな転機が訪れます。民主党のハリー・トルーマン政権が黒人に選挙権を付与するという公民権政策を打ち出すと、南部の白人党員らが反発し、民主党は分裂。割って出た側の「州権民主党」は、「公民権運動の黒幕はソ連の共産主義だ」という陰謀論を展開し、白人たちを煽動していきました。

以来、公民権法というテーマは1960年代に成立するまで、一部の人々が冷静さを忘れて怒り叫ぶ〝政治のホットボタン〟であり続けました（近年の日本でいえば「原発」や「辺野古《へのこ》」みたいなものでしょうか）。白人たちの心に澱《おり》のようにたまった、公民権法を推進しようとする連邦政府への憤り、黒人への恐怖感――それらが暴走し、南部諸州の知事選などでは、人種差別を煽る候補が圧倒的な強さを発揮したのです。

そんななか、南部アラバマ州にひとりの州知事が誕生します。怒れる白人、ジョージ・ウォレス。彼は1962年の州知事選挙で〝segregation（人種隔離政策）〟を強く打ち出し、KKKの支持を取りつけて圧勝。就任演説でこう叫びました。

〝I say segregation now（今、人種隔離を）.segregation tomorrow（明日も人種隔離を）.segregation forever.（永遠に人種隔離を）〟

実は、ウォレスはそのわずか4年前、1958年の州知事選初出馬の際には、全米黒人地位向上協会（NAACP）の支持を受け、リベラルな主張で選挙を戦っていました。しかしこのとき、人種差別を是とする候補に完敗し、彼は悟るのです。南部で勝つには差別心を煽るしかない――。

こうして黒人差別派に〝転向〟した彼は、知事に就任した後も、公民権政策に舵《かじ》を切る連邦政府を強く糾弾し続けます。

例えば1963年、アラバマ大学に黒人学生の入学を認めるよう迫ったジョン・F・ケネディ政権を公然と批判し、自ら大学の門前に立ちはだかるパフォーマンスを敢行。1965年には、黒人たちの平和的なデモに対し、重武装した地元警察と州兵を出動させて激しく圧力をかけました（銃撃による死者も出たこのデモ弾圧は「血の日曜日事件」と呼ばれています）。

こうした熱気は次第に北部の白人にも波及し、「公民権運動と戦う勇敢な男」として全米的な人気を得たウォレスは、1968年の大統領選挙に州権民主党の流れをくむ「米独立党」から出馬するに至りました。彼は人種隔離政策の継続と連邦政府の介入排除を訴え、ヒトラーやムッソリーニを彷彿《ほうふつ》とさせるような絶叫調の演説活動を展開。スマートなエリート政治家とはまったく違う種類のその迫力に、南部白人たちは〝He speaks my language.（ウォレスは「私と同じ言葉」でしゃべっている）〟と感動したといいます。

ウォレスは結局、共和党のニクソンに敗れたものの、地元アラバマ州をはじめアーカンソー州、ジョージア州、ミシシッピ州、ルイジアナ州でトップを取るなど、南部で圧倒的な強さを見せつけました（ちなみに2016年の共和党大統領候補指名争い、そして大統領選本選でも、トランプはこの5州すべてで勝利しています）。

このウォレスの大躍進を見た当時の共和党は、「次はやられるかもしれない」と強い危機感を抱きました。そこから、〝不機嫌な白人〟たちを取り込むための南部戦略を本格的に構築するようになったというわけです。

もっとも、ウォレスのような露骨なやり方をしてしまっては、さすがに全米の選挙で勝つことはできません。そこで共和党は、南部白人層に対してまるでウインクをするかのように、「暗に人種差別をにおわせる」ことに腐心。〝nigger〟などの差別語を使わず、「州の権限を尊重する」「皆さんの価値観を損なわない」といった言い回しを多用したり、税制や社会保障制度のなかに巧みに人種差別をにじませたりと、より〝スマート〟なやり方を進めていきます。

こうして洗練されていった戦略はやがてレーガンに引き継がれ、南部を共和党の支持基盤へと変えました。その後も、１９８８年のジョージ・ブッシュ（父）の大統領選挙では、参謀のリー・アトウォーターが民主党候補マイケル・デュカキスのリベラル政策を徹底的に批判。主に南部で黒人差別をにじませたネガティブキャンペーンＣＭを連発し、後に「最も汚い選挙」と呼ばれた戦いを制したのです。

ところが、皮肉なことに２０１６年の大統領選挙候補者争いでは、その南部戦略が共和党を追い込む形となりました。最も巧みに過激発言を操り、南部白人層を熱狂させたのが、よりによって党主流派に反旗を翻《ひるがえ》したトランプだったからです。

トランプの発言に人々が〝He speaks my language.〟と熱を上げる姿は、まるでウォレスの時代にタイムスリップしたかのようでした。トランプというモンスター・ポピュリストが選挙を通じて共和党を解体寸前にまで追い込み、アメリカという国を分断した――これは1970年代以降、共和党が「憎しみの政治」を長年繰り返してきたことのツケといっていいでしょう。

ウォーリッド・ファレス――反イスラムのイデオローグ

トランプの選挙戦において特に目立ったのが、「対テロ」という大義名分をいいことに繰り返された露骨な反イスラム発言です。そのネタ元だった可能性が高いのが、2016年3月にトランプが公表した「外交政策アドバイザー」のひとり、ウォーリッド・ファレスという人物です。

ファレスはレバノン出身のキリスト教徒で、テロ対策専門家としてFOXニュースなどの右派メディアに出演し、〝イスラムの脅威〟を煽ってきた人物です。2012年の大統領選で共和党候補ミット・ロムニー陣営の特別アドバイザーを務めた経歴を持ち、アラブ系の顔つきでありながら反イスラムを雄弁に語る――右派陣営からすれば、実に都合のいい、使い勝手のいい中東専門家という存在です。

しかし、ファレスがアメリカに渡る以前、レバノン時代の経歴には非常に暗い影が見え隠れします。彼は、1975年から15年続いたレバノン内戦のなかでも特に凄惨《せいさん》だったといわれる「大量虐殺事件」に深く関わった疑いが持たれているのです。

レバノン内戦は、パレスチナ戦争やヨルダン内戦などで土地を追われたパレスチナ難民（イスラム教徒）が、キリスト教徒の多いレバノンに押し寄せた際の宗教間・民族間の衝突がきっかけで始まりました。レバノンに信者の多いキリスト教の一派「マロン典礼カトリック教会」は、巨大化するパレスチナ解放機構（PLO）に抗戦すべく、次々と武装民兵組織を結成していきます。

その最大組織である「レバノン軍団（Lebanese Forces）」は1982年9月、パレスチナ難民キャンプで大量虐殺事件（サブラー・シャティーラ事件）を引き起こしました。実は、このレバノン軍団にキリスト教神学を教え込んだとされるのが、当時はまだ祖国にいたファレスなのです。彼は、虐殺事件で現場を指揮したリーダーにも反イスラムのイデオロギーを叩き込んだといわれています。

1990年に内戦が終結すると、ファレスはアメリカに渡ります（虐殺事件への関与が取り沙汰されるなどして、祖国にいづらくなったのでしょう）。こうして行き場を失ったレバノン民兵組織のイデオローグは、反イスラムというレトリックを駆使し、中東専門家として米政界のネオコン勢力に急接近したのです。より強いボス（アメリカ）をたぶらかして、自分を脅やかす敵（中東のムスリム）を攻撃させる――これが彼の生存戦略《サバイバル・ストラテジー》だったようです。

「このままでは、イスラム教が欧米のキリスト教世界を侵食する」

恐怖を煽って支持を得たいネオコン、自分たちだけが正しいと思い込むキリスト教右派、中東利権を確保したい石油業界、戦争が利益に直結する軍需産業……。それぞれの思惑が絡まり、反イスラムというパラノイアな世界観は巨大化。そして2001年にあの9・11が起きると、ジョージ・W・ブッシュ政権は「みんなで危機をでっち上げる」という方向に舵を切り、泥沼のイラク戦争へ突入していったのです。

超大国アメリカでムスリムへの憎悪が拡大し、軍事行動に至る。その反動として反米テロが起こり、アメリカでさらにムスリムへの憎悪が加速する……。そんな最悪の連鎖の中心にいる「専門家」がネタ元だったのだとすれば、トランプの反ムスリム発言があれほど過激化したのも納得できます。

ロジャー・ストーン——選挙を〝茶番化〟する男

大統領選挙から続くトランプ政権とロシアとの〝親密すぎる関係〟をめぐる疑惑は、1970年代にニクソン大統領が任期途中で辞任した政治スキャンダルの経緯との類似性から「第2のウォーターゲート事件」といわれています。その結末がどうなるかは事態の推移を見守るしかありませんが、40年以上の時を超えて、第1、第2の双方の「事件」に関わっているロジャー・ストーンという人物をご存じでしょうか。

自信満々なフィクサー然とした態度。ボディビルで鍛えた筋肉が隆起する背中には、ニクソンの似顔絵のタトゥー。最近では極端な保守系メディアに登場する〝陰謀論オヤジ〟という扱いをされていますが、1952年生まれのストーンは10代の頃から米政界で暗躍し続ける〝選挙屋〟です。ウォーターゲート事件では口止め料の配布役を務め、起訴された当時はまだ20歳の若者でした。その後は政治家向けのコンサルティング組織を設立し、1980年の大統領選挙でレーガンの勝利に大きく貢献。政権発足後は「金を払えばレーガンに話を通す」と吹聴するなど、ロビイストとして君臨します（ストーンが若き日のトランプと出会ったのもこの頃で、両者を引き合わせたのは前述した保守政界の大物フィクサー、〝マフィア弁護士〟ロイ・コーンでした）。

ストーンの特徴は、「どれだけ汚いことをしても、選挙は当選した側の勝ち」という徹底した（というより度を越えた）リアリズムです。現在の米政界ではもはや当たり前になっている、テレビCMなどで対立候補に対する虚実ない交ぜのネガティブキャンペーンを展開する方法も、彼が最初に編み出したといわれています。その意味では、ストーンは昨今の「フェイクニュース」の生みの親ともいえるでしょう。

1990年代に下半身スキャンダルが発覚し、表舞台から姿を消したストーンですが、

2000年の大統領選挙では共和党のブッシュ・ジュニアの当選を〝ウルトラC〟で後押しします。

民主党の人気者アル・ゴアと戦う共和党にとって、最大の懸念は右派少数政党である米改革党の支持票を最終的にブッシュが得られるかどうかでした。そこでストーンは、まず共和党員だったパット・ブキャナンを焚きつけて改革党から立候補させます。そして、ブキャナンが支持を広げたタイミングで、今度は同じ改革党から〝ライバル候補〟としてトランプを出馬させたのです(これがトランプにとって初の立候補でした)。

トランプはマスコミの前で徹底的にブキャナンをこき下ろし、場を散々荒らすと、あっさりと出馬を撤回しました。すると、結果的に改革党に幻滅した人々の票はブッシュへと流れ、共和党は政権奪還に成功したのです。つまり、トランプは最初から当選する気などなく、ただ改革党そのものを〝茶番化〟するための当て馬だったということです。

2016年の大統領選挙でもストーンは一時、トランプ陣営入りしていました。途中でクビを言い渡されて表向きは〝下野〟しましたが、実際にはその後もトランプの政治活動をバックアップしているとみられ、ロシアとの関係についても彼が「一枚かんでいる」可能性が強く疑われています。

ウォーターゲート事件の時代から今に至るまで、民主主義は時にストーンのような陰の存在を生み出す。そして民主主義であるからこそ、人々はストーンのような〝汚い政治〟

に対する免疫を持てない。これはいくら社会が進歩しても解決されることのない、人類の永遠の課題なのかもしれません。

ＷＷＥ――敵と味方を分ける「アングル」

２００７年４月、アメリカが誇る世界一の超人気プロレス団体「ＷＷＥ」の巨大イベントに現れたトランプは、会場に何万ドルという現金をバラまきました。〝大富豪キャラ〟のパフォーマンスに、ファンは狂喜乱舞します。

トランプを敵視するＷＷＥのビンス・マクマホンＣＥＯは怒り狂い、互いの頭髪をかけた「億万長者対決」を要求したものの、代理レスラー同士の戦いはトランプ側が勝利。トランプがバリカンを手にし、リングの中央でビンスＣＥＯの頭髪をすべて刈り取ると、ファンの興奮は絶頂へ……。

このときのみならず、トランプは過去、ＷＷＥにたびたび登場しています。しかも悪のオーナー、マクマホンを苦しめる〝善玉〟として。もちろん善玉とはいえ、観客や視聴者の留飲を下げるためにかなり荒々しいことをやるのですが、その狡猾さも多くのファンを熱狂させてきました。２０１３年にはその人気ぶりが評価され、ＷＷＥの殿堂入りを果たしています。

そして、トランプのプロレス的なパフォーマンス術は、米大統領選挙にも大いにフィードバックされました。トランプに言わせれば、オバマ前大統領も、メディアも、さらには共和党主流派でさえも、すべてが〝強いアメリカ〟の敵。自分だけが、そんな全方位の敵と戦い続ける〝勇気あるならず者〟――。

トランプが大統領候補として提示し続けたパラノイア的な世界観に引き込まれる支持層は、実のところ、WWEの大味かつ劇的な世界観を好む層とかなりの部分で一致しています。言い換えれば、トランプはこの層に訴えかけるのが実にうまいのです。

例えば、共和党の大統領候補者指名争いが本格化してきた2016年2月末、トランプがCNNのインタビューで、白人至上主義団体KKKの元最高幹部による支持表明について問われたときのこと。普通の候補者なら、こんなありがたくない支持は即刻拒否するでしょうが、トランプはあえて「そんな知らないヤツのことは答えようがない」と、すっとぼけてみせたのです（もちろん本当は知らないはずがありません）。

狙いどおりに周囲が騒ぎ立てると、トランプはすかさずツイッターで、その2日前の自身の記者会見動画を紹介（CNNのインタビューと違って、その会見ではKKK元幹部の支持を明確に拒否していました）。「このときの発言どおりに支持を拒否する」とコメントしました。「騒いだヤツらは本当にバカだな。そんな小さなことばかり気にしているからダメなんだよ」と言わんばかりの、トランプ流の強烈な皮肉をぶちかましたのです。

あえて不謹慎ともとれる言動をとり、批判を集めておいてから、どんでん返しで相手を愚弄《ぐろう》する。これで、（少なくともトランプの支持層には）すべては彼の手のひらの上で踊っている……という印象が強まります。実にプロレス的です。

また、彼はこの一件で、保守層の支持を掘り起こすことにも成功しました。KKKを表立って支持することはさすがにできなくとも、その主張のうちソフトな面に内心、同調する白人はそれなりに多い。「支持を拒否する」と即答しなかったことで、こうした層に「トランプはわかっている」と思わせる効果はあったはずです（もちろん、このやり方はレイシストと呼ばれるリスクも伴いますが）。

まるでスターレスラーのような反射神経とアングルづくりのうまさで、支持者を魅了したトランプ。大統領就任後、彼は閣僚ポストのひとつである中小企業庁長官に、WWEのビンスCEOの妻で同団体の共同創業者でもあるリンダ・マクマホンを指名しました。WWE支持層へのアピールは大統領になっても続いているようです。

2

現代アメリカの怒れる白人たち

アメリカ政治史はパラノイアの歴史

かつてピュリツァー賞を2度受賞した著名な政治学者リチャード・ホフスタッターは、1964年に発表したエッセイのなかで、「アメリカ政治にはずっと『外敵に侵略される』というパラノイアが息づいている」と指摘しました。その源流は建国期にまで遡《さかのぼ》り、18世紀後半の独立戦争直後には、バイエルン王国（現ドイツ連邦バイエルン州）からやって来た秘密結社「イルミナティ」が米政府を乗っ取ろうとしているという陰謀論が政治の場で公然と語られています。

ちなみに、この話の元ネタは、1789年のフランス革命時に反革命派が流したネガティブキャンペーンです。それが伝言ゲームのようにドーバー海峡を越えてイギリスに渡り、さらに大西洋経由でアメリカに来た頃には、雪だるま式に「大きな話」になっていたようです。政治がまだ未熟で不安定だった建国直後のアメリカでは、今考えれば滑稽《こっけい》としかいいようがないこんな話が政争の具として使われてしまっていたのです。

こうしたパラノイアは、その後も同じようなパターンで、中身の〝ネタ〟だけを変えて繰り返し流行しました。フリーメイソン、ユダヤ金融資本といったあたりは誰でも一度は聞いたことがあるでしょうし、19世紀半ばに飢饉《ききん》が起きたアイルランドからアメリカへ大量の移民（カトリック教徒）が渡ってきた際には、「これはカトリックの総本山であるバチカンが、プロテスタントの国アメリカを植民地にするための工作だ」などというトンデモ話がまことしやかに語られたこともあります。

また、パラノイアは大衆のみならずエリート層にもしばしば浸透していきます。例えば1950年代には、ソ連のスパイがアメリカで暗躍しているという疑心暗鬼（これは全部ウソではなく、一部は事実であったことがミソでしょう）が、エリート層による「赤狩り」を暴走させました。

これを逆から見れば、時の権力者や有力者たちは、国民の恐怖心、勘繰り、憎しみを巧みに煽り、特定の投票行動を促してきたともいえます。とりわけ共和党は、「敵か味方か」の二元論的な世界観を持つキリスト教右派（クリスチャン・ライト）、白人優位主義の極右派（ラディカル・ライトあるいはライトウイング・フリンジ）を取り込んでいる。彼らにとっては黒人もムスリムもユダヤも、すべてが潜在的な「外敵」であり、だから〝われわれのアメリカ〟を守るために市民の武装権＝銃保有の自由が重要なのです。2016年の共和党大統領候補者争いの際、トランプやクルーズ（彼の主張も相当にムチャクチャでした）らの極端な排外的発言や差別的発言がそれなりに支持を得たことが、アメリカ社会に今も連綿とパラノイアが巣食っていることの何よりの証《あかし》でしょう。

連邦政府を敵視する民兵

〝I WANT TO BELIEVE（私は信じたい）〟

これは１９９０年代にアメリカで大ヒットしたテレビドラマ『X‐ファイル』のキャッチフレーズです。日本でも放映され、人気を博したのでご存じの方も多いと思いますが、最近、思わぬところでこのドラマが話題になってしまいました。

２０１６年1月2日から41日間にわたり、米オレゴン州北部の野生生物保護区を、民間人の武装集団が占拠するという事件がありました。白人プロテスタントの反政府主義者らで構成されたこの武装集団は、国有地における放牧権などをめぐって奇妙な主張を繰り広げました。

客観的に見れば「反体制派テロ組織による占拠事件」。おそらくムスリムの武装集団が同じことをしたら、警察の特殊部隊や軍が即座に突入して全員射殺したでしょう。ところがこのとき、警察やＦＢＩ（米連邦捜査局）はまるで腫れ物に触るかのように、極めて慎重に、見ようによっては弱腰の対応に終始しました。

突発的な銃撃戦で犯人側のひとりをやむなく射殺した以外、当局が手を出せなかったのは、相手が白人のクリスチャンだったという以外にも理由があります。それは、彼らが「合衆国憲法修正第2条」をチラつかせていたからです。

〈規律ある民兵（ミリシア）は自由な国家の安全保障にとって必要であるから、国民が武器を保持する権利は侵してはならない〉

この条項は、18世紀にイギリス帝国の植民地政策に反発したアメリカ国民が、武装蜂起して独立を宣言したことに端を発しています。アメリカでは「圧政を敷く国家権力」に対して、国民ひとりひとりが武力を持つ権利と、民兵組織をつくる権利が憲法ではっきりと認められているのです。

どんな凄惨な銃乱射事件が起きようとも、全米ライフル協会（NRA）などが強気の主張を崩さず、銃規制が実現しないことの背景には、この「修正第2条」の存在があります。オレゴンの立てこもり事件にしても、その根底には「今の連邦政府は本来のアメリカの精神から離れてしまった。われわれは正義のために立ち上がっている」というミリシア側の主張（はっきり言えば思い込みですが）があるのです。

立てこもった彼らは、控えめに言ってもかなりイカれた言動を繰り返していました。例えば、最後に投降したデイビッド・フライという日系アメリカ人の男性は、「俺は真の愛国者だ」と言ったかと思えば、「『X-ファイル』は真実の話だった」などと真顔で口にしていたようです。

知らない方のために補足すると、ドラマにおける「X‐ファイル」とは、FBI内部に極秘で保管されている、宇宙人やら超常現象やらが絡む未解決事件簿を指します。主人公の捜査官は、その秘密を握り潰そうとする連邦政府の巨大な陰謀に巻き込まれながらも、事件を解決していく……という話です。

つまり、立てこもり犯はそういう類いの陰謀論を本気で信じており、「悪の連邦政府からアメリカを救おう」と考えていたわけです。しかし、こんなイカれた主張を繰り広げて武装する危険な人間であっても、合衆国憲法を盾にされてしまえば、警察もおいそれと手は出せない。これがアメリカという国の現実なのです。

この立てこもり事件が続いていた2016年1月5日、銃規制の議論が遅々として進まない連邦議会に業を煮やした当時のオバマ大統領は、大統領令による銃購入の規制強化を発表し、涙ながらにこう訴えました。

「銃業界のロビーは連邦議会を人質に取っているかもしれないが、アメリカを人質にすることはできない」

しかし、この発言は結果として銃規制反対派をさらに刺激してしまいました。黒人大統領が、この国をつくった白人のかけがえのない権利を剝奪しようとしている。これは非白人による〝乗っ取り〟だ――。お決まりのパラノイアが肥大化し、反政府派ミリシア（民兵集団）の活動が活発化していったのです。

第二の独立戦争に備える米軍兵

国民が銃を持って自分たちのために戦うことは、建国以来の伝統だ。本当のアメリカを取り戻さなければならない……。こういった思想は長年にわたり、白人至上主義を標榜《ひょうぼう》する極右派や、さまざまな陰謀論を信じる人々の間で伝承されてきました。

近年はそれがより先鋭化し、オレゴンの立てこもり犯たちのように武装集団化するケースも増えていますが、その萌芽《ほうが》は１９８０年代半ばにまで遡ります。この時代、アメリカの農業政策は大失敗し、中西部の白人農民らは連邦政府に対し不信感を抱くようになっていました。そこに「教えを信じた者だけが救われる」という終末思想を唱える新興キリスト教団が結びつき、反政府系のミリシアが相次いで誕生していったのです。

１９９３年には、テキサス州で新興宗教団体「ブランチ・ダビディアン（Branch Davidian）」による立てこもり事件が発生。彼らは自分たちこそがハルマゲドン（最終戦争）の後に生き残ることを神に認められた「選ばれし民」だと信じ、「来る戦い」に向けて武装化していました（まるでオウム真理教のような言い分です）。

この事件は教団とＦＢＩとの銃撃戦の末、教祖デビッド・コレシュが建物に火をつけ、信者80人を道連れに集団自殺するという悲劇的な結末を迎えました。すると、国内の右派勢力は、ＦＢＩを強行突入させた当時の民主党ビル・クリントン政権を「信仰・自衛の権利に対する不当な弾圧だ」などと猛烈に批判。これによってミリシアもさらに勢いづき、拡大していくことになります。

そして、ブランチ・ダビディアン事件の終結からちょうど2年後の１９９５年4月19日。死者168名、負傷者850名以上という「オクラホマシティ連邦政府ビル爆破事件」が発生します。２００1年に9・11同時多発テロが起きるまでは、これがアメリカ史上最大のテロ事件でした。

アメリカ国民にとって何よりショックだったのは、主犯のティモシー・マクベイという男が湾岸戦争にも従軍した米陸軍の退役軍人だったことです。マクベイはテロの動機について、「連邦政府への復讐だ。ブランチ・ダビディアン事件に関して、政府はウソをついている」と述べました。

近年、アメリカではミリシアがますます存在感を増しています。その背景にあるのは、白人の人口比率の低下、グローバリズムによる格差拡大といった白人の受難。しかも、そんなときに史上初の〝黒い肌の大統領〟が誕生し、銃規制を進めようとした……。彼らの結束力は高まる一方で、マクベイのような退役軍人がミリシアに参加するケースも増えているといわれています。

さらに、最近ではイラクやアフガニスタンからの帰還兵たちが中心となって組織された「オウス・キーパーズ（Oath Keepers＝誓いを守る者たち）」という「結社」も頭角を現しています。ミリシアの進化版ともいえるオウス・キーパーズは、「中東の戦争はアメリカ政府が仕掛けたもの。本当の敵はイスラムではなく連邦政府だ」と主張。アメリカにおける〝第二の独立戦争〟に備えて日々、軍事訓練に励んでいるといいます。しかも恐ろしいことに、この組織は口コミで支持を広げ、退役軍人のみならず現役米軍兵のメンバーもいるとされています。

ハリウッド映画などの影響で、日本ではアメリカの軍人はヒーローだというイメージが強いかもしれませんが、実際にはベトナム戦争以来、〝汚れ仕事〟という認識も強くなっています。軍人になるのは貧しい白人か、永住権の欲しい有色人種の移民。しかも、近年は不況のため、退役後はなかなかまともな仕事にありつくこともできない――。そんななか、何かに目覚めたかのように突然、〝歪《ゆが》んだ正義〟を語りだすようになる軍人・元軍人が増えているようなのです。

陰謀論を煽りまくる極右メディアがいて、それを信じる、あるいは信じたい人がいる。まさに〝I WANT TO BELIEVE〟の世界です。ミリシアのような組織に参加する人はさすがにごく一部ですが、僕の観測では、アメリカの白人の3割から4割は多少なりとも「連邦政府の〝陰謀〟はあり得る。銃規制はすべきでない」という感覚を持っている。そこに軍人までもが〝参戦〟して、「誓いを守る」ために戦う準備をしている……。どう考えてもムチャクチャです。しかし、それを連邦政府が締めつけることはできない。修正第2条があるからです。

こうした陰謀論者たちを含む銃規制反対派を票田とする共和党の大統領候補たちは、候補者指名争いの過程でも競い合うようにしてオバマの銃規制強化策を批判しました。例えば、元フロリダ州知事のジェブ・ブッシュは、ツイッターに自身の名が刻まれた銃の画像をアップし〝America.〟というひと言を添えました。先行するトランプやクルーズが、より過激に銃規制に反対して支持を集めていることを受け、「俺も本気だ」とアピールしたかったのでしょう（さすがにこれはあまりにセンスがなく、笑いの種になっただけでしたが）。

アメリカの最大の敵はイスラムでも移民でもなく、内に潜んだ建国以来の狂気なのかもしれません。

ポリティカル・コレクトネスの暴走

ミリシアのような過激さはなくとも、最近はアメリカ社会におけるある種の〝息苦しさ〟にうんざりしている人（特に白人）が少なくありません。その原因は、ポリティカル・コレクトネス（ＰＣ）のあまりに過剰な推進という社会的圧力です。

ＰＣはもともと１９８０年代に始まった、「差別・偏見を取り除くために〝政治的に正しい用語〟を使おう」というムーブメントです。性別、人種、民族、宗教、職業……といった分野において、明らかな悪意のある言葉や表現を是正する必要性については多くの人が賛同するでしょう。しかし、最近では社会の現実を無視し、原理原則だけでＰＣを過剰に推し進めた結果、かえって世の中が混乱してしまっているケースも多々見られます。

特に、アメリカの大学のキャンパスは今や〝ウルトラＰＣ状態〟です。大学側が学生に対してあらかじめ〝Trigger Warning《トリガー・ウォーニング》〟、つまり「これからの講義内容に、人によっては不快に思うかもしれない文言・表現が含まれています」といった事前警告を入れなければいけないケースも多いといいます。しかし、学生側はそれを逆手にとって、「気分が悪いので」と合法的に講義をサボることもできるとか……。実に本末転倒です。

これはやや極端な例ですが、ともあれアメリカでは昨今、公の場で「言ってはいけないこと」や「反論してはいけないこと」が多くなりすぎた。悪意の感じられないものまで一緒くたに言葉狩りされているという印象です。

政治的な正しさを誰が判断し、どこに線を引くのか。これは非常に難しい問題です。例えば、究極的に突き詰めれば、「先進国は帝国主義の時代にまで遡り、世界中で収奪した富を100パーセント元通りに再分配しろ」という主張は「正しい」かもしれない。しかし、そんなことを言っても実現は不可能だし、旧植民地に住む〝収奪された側〟の子孫でさえ、多くはそんなラディカルなことは望まないでしょう。アパルトヘイトを終わらせたネルソン・マンデラ元南アフリカ大統領の言葉を借りれば、重要なことは「いかにして真実と和解するか」。歴史的事実を咀嚼《そしゃく》しつつ、今の時代に合った現実的な落としどころを見つけるしかないということです。

大統領選挙におけるトランプ旋風も、こうしたPCの暴走に対する白人層の反発がひとつの原動力になっていたように思います。

多様化が進んだ近年のアメリカでは、人種差別的な言動は明らかに「PC的にアウト」です。しかし、それでも黒人やほかの有色人種に対して〝ある種の優越感〟を内心抱いている白人は決して少なくありません。グローバリズムの影響で豊かさから見放された一部の白人層が、その根拠のないプライドの行き場としてトランプを支持した、という構図です。PCが広まれば広まるほど、逆説的にトランプの差別的発言は、「本当のことを言ってくれるのは彼だけだ」と一部の（しかし決して少なくない）人々に支持され、際立っていったのです。

白人至上主義の「入信者」と「脱会者」

２０１７年8月12日、米南部バージニア州シャーロッツビルでデモを行なっていた白人至上主義者らの集団と、それに反対する市民たちとが激しく衝突し、反対派市民のひとりが車に轢《ひ》かれて亡くなるという事件がありました。この事件は、現代のアメリカにおける白人至上主義の広まりをあらためて世界に知らしめることになりました。

この日、デモを行なうためにシャーロッツビルに集まったのは、白人至上主義団体ＫＫＫ（クー・クラックス・クラン）やネオナチ系の極右団体と、その支持者たちでした。彼らの訴えは「リー将軍の銅像を撤去するな！」というものだったのですが、これはいったいどういうことなのか、順を追って説明しましょう。

19世紀のアメリカ南北戦争は、現在のアメリカに続く北部＝合衆国と、奴隷制存続を訴える南部＝連合国が激突した内戦です。リー将軍とは当時、南部連合の軍司令官を務めたロバート・Ｅ・リーという人物のことです。実は、リーは南北戦争以前までは合衆国軍の大佐で、奴隷制には反対の立場でしたが、郷里バージニアが合衆国脱退を決めると、強い郷土愛から南軍の指揮官となり、北軍を最後まで苦しめたのです。

そんな経緯もあり、リー将軍は今も多くのアメリカ人、特に南部の白人から尊敬されており、地元バージニアなど南部諸州には彼の名を冠した公園や銅像・記念碑などが無数にあるのですが、最近はそれを撤去する動きが広がっています。リー将軍を〝顕彰〟することは人種差別を助長しているのではないか、というのがその理由です。

大きな契機となったのは、２０１５年にサウスカロライナ州チャールストンの黒人教会で起きた銃乱射事件でした。襲撃犯の男が白人至上主義者で、南軍の象徴である南部連合旗を〝愛用〟していたことが判明すると、各地の南部連合旗を撤去するべきだという主張の広がりとともに、「リー将軍をたたえること」に対する反対運動も拡大したのです。

しかし、白人至上主義者や一部の保守層はこの動きに危機感を抱き、「黒人による歴史修正だ」と反発しました。〝被害者たる黒人の目を通じた歴史〟しか語ることが許されないのはおかしい——と。

もちろん歴史に対する姿勢として、現在の価値観に合うものしか残さないというのは過剰だと思います。白人であれ黒人であれ、大人が子どもに「過去にはこういうことがあった」と語り継ぐことも必要でしょう。ただ一方、リー将軍や南部連合旗の存在が白人至上主義者たちの〝拠り所〟となっているのもまた事実で、リー将軍をたたえる年に一度のパレードには、ネオナチや南軍兵士のコスプレをした連中も集まってくるという状況が続いていました。こうした〝差別の源泉〟を断つための対症療法として、仕方なくリー将軍の痕跡を撤去しているという事情もあるのです。

今回の事件が起きたバージニア州シャーロッツビルでも、市議会がすでにリー将軍の銅像撤去を決定していたのですが、実はその前後あたりからいろいろと動きがありました。極右系ウェブメディア『ブライトバート・ニュース』が、撤去賛成派の黒人議員をひどい人格攻撃で執拗《しつよう》にバッシングするなど反対派を煽り立てており、同州の次期州知事選挙に出馬予定の〝ミニトランプ〟と呼ばれる候補もこうした流れに便乗する形で「リー将軍像を取り戻す」との公約を掲げていたのです。

そんななか、2017年8月12日に白人至上主義者たちがシャーロッツビルで開いたのが、「ユナイト・ザ・ライト」という大規模なデモ集会だったわけですが、このデモの〝集客〟に大きく貢献したひとりに、イラク戦争に従軍したネイサン・ダミーゴという31歳の元米兵がいます。彼はイラクで多くの仲間の戦死と、多人種・多宗派国家が無残に崩壊していくさまを間近で経験。帰国後はPTSD（心的外傷後ストレス障害）を発症し、強盗事件を起こしますが、服役中に元KKK最高幹部のデービッド・デュークの著書を読み、白人至上主義に転向しました。そして出所後は、主に大学生を白人至上主義運動にリクルートする活動を展開し、次第に動員力を広げていったようです。

近年、彼のように新たに白人至上主義に「入信」した人々を焚きつける役割を担っているのが、ネットに乱立する極右系メディアや掲示板です。しかし逆に、昨年秋にはその草分けである『ストームフロント（Stormfront）』という白人至上主義系掲示板サイトの

〝申し子〟たる若者が突如として「脱会」を表明し、一部で話題となりました。

彼の名前はデレク・ブラック。父親は、かつてカリブに白人国家をつくるという荒唐無稽《こうとうむけい》な計画を本気で企てて逮捕され、服役後の1995年にストームフロントを開設した元KKKのドン・ブラック。そして母親は、KKKの元最高幹部デービッド・デュークの元妻。――1989年にKKKのコミュニティ内で生まれたデレクは、周囲から徹底的に〝思想教育〟を施されて育ちました。

彼は10歳の頃からストームフロントの〝子供版〟を運営し、ヘイトスピーチを擁護する少年活動家としてテレビ番組に出演するなど、白人至上主義の未来を担う存在として順調に成長していきました。そして「白人優位の根拠を確かめたい」と、中世欧州の歴史を学ぶべくニューカレッジ・オブ・フロリダという大学に入学します。リベラルアーツ系の同大学は多様性に富み、校風はゲイフレンドリー、大麻フレンドリー。そんな環境に身を置くことへの反対意見を押し切り、父親のドンは「息子は揺るぎない」と入学を許可したのですが、これがデレクの運命を大きく変えました。

彼は大学でさまざまな人種、宗教の友人と付き合い、また中世欧州の歴史を学ぶにしたがって、白人至上主義の〝欺瞞《ぎまん》〟に気づき始めます。白人の優位を証明する事実などどこにもないどころか、歴史上、白人たちは宗教に縛られて殺し合うばかりで、数学や天文学などもアラブ世界で発明された学問の〝借り物〟にすぎない……。ずっと信じてきたものが粉々に崩れていくことを感じたデレクは、トランプ旋風真っただ中の2016年9月、白人至上主義からの離脱を正式に表明したのです。

そして、デレクがかつて携わっていたストームフロントのユーザーたちの間でも、最近はある〝大問題〟が浮上しています。この掲示板ではメンバーの条件を「100パーセント欧州系の白人（ユダヤ人を除く）」と規定しており、最近になってユーザーたちが「純血」を証明するために率先して遺伝子検査を受けているのですが、その結果に関する書き込みをある研究機関が調査したところ、本当に（彼らのいう）「純粋白人」だったユーザーはわずか3割程度にすぎなかったというのです。

考えてみれば当然のことですが、遺伝子検査レベルで「人種が混ざっていない」人など、多民族国家アメリカではもはや少数派。現代ではそもそも「純血」なるものに根差した議論自体が、厳密に調べれば調べるほど破綻してしまう性質のものなのです。それでも彼らが白人優位の人種序列という〝物語〟にしがみつくのは、それによって自尊心が満たされるからにほかなりません。こうした差別的かつ非科学的な詭弁《きべん》を、アメリカ社会は長年かけて少しずつ駆逐してきたのですが、そこにトランプという大統領が自らお墨付きを与えたおかげで、再びパンドラの箱が開いてしまったのでしょう。

ただ、こうして外から冷静に見れば白人至上主義の〝イタさ〟は明白ですが、これが国内問題になったらどうでしょうか。日本でも、すでに経済的・社会的な拠り所を失いつつある人々が、根拠なき日本礼賛物語や日本人優位論にしがみつく傾向が見えます（中国や朝鮮半島に関するニュースへの反応を見てもそれは明らかでしょう）。崩壊寸前で踏みとどまろうとする自尊心の裏にある「差別の萌芽」――それが何かの拍子に拡大したとき、人間社会はそう簡単に止める術《すべ》を持ちません。転げ落ちるアメリカを見ると、日本のそんな未来を想像せずにいられないのです。

3 Alt-Rightとフェイクニュース

スティーブ・バノン――ホワイトハウスに入り込んだ〝鬼の子〟

米大統領選挙におけるトランプの躍進とともに、欧米圏のメディアでは「Ａｌｔ《オルト》‐Ｒｉｇｈｔ《ライト》」という言葉がしばしば登場するようになりました。民主党の大統領候補だったヒラリー・クリントンが２０１６年８月末の演説でその存在に言及し、一気に注目されたキーワードです。

Ａｌｔ‐Ｒｉｇｈｔはインターネットを主戦場とするアメリカの極右政治ムーブメント

で、もともと〝Alternative Right〞と呼ばれていたものが、キーボードのＡｌｔボタンにかけてこう呼ばれるようになりました。白人至上主義の色が濃く、〝多様性への嫌悪感〞を隠そうともしない攻撃性がその特徴です。

従来の保守（共和党主流派）に取って代わり、「強いアメリカ」を復活させる――。そんな大義名分を掲げるこのムーブメントのコアにいるのは、公務員や有名企業勤務を含む30代から40代の高学歴白人男性といわれています。彼らは現在のアメリカが「多様性を重んじるあまり弱体化した」と主張し、人種差別、反フェミニズム、反ＰＣ……などの過激な言説を匿名でネットにバラまき、人々を煽動しています。

さらに、その下には10代、20代の白人大学生らの〝突撃部隊〞がいます。彼らはＡｌｔ-Ｒｉｇｈｔの象徴的ビジュアルとなった「ＰｅＰｅ《ぺぺ》」というカエルのミームやネットスラングを駆使し、『４Ｃｈａｎ』や『Ｒｅｄｄｉｔ』といったネット掲示板を中心に、ヘイトや陰謀論を日々拡散。ひとたび攻撃対象を見つければ、ＳＮＳなどで集中砲火を浴びせます。

こう聞くと、まるで日本のネトウヨ（ネット右翼）のようだと思う人もいるかもしれません（実際、日本語メディアでは「オルタナ右翼」と訳され、ネトウヨと同一視するような言説もあります）。しかし、はっきり言ってＡｌｔ-Ｒｉｇｈｔの影響力はそんなレベルではない。ジャーナリズム的な手法とミームなどのビジュアルを併用して多くの若者を取り込むなど、相当に組織的かつ戦略的に動いています。

そのプラットフォームになっているのが、攻撃的な極右ウェブメディア『ブライトバート・ニュース』。FOXニュースなどの保守系マスメディアよりもはるかに過激で、虚実ない交ぜの飛ばし記事や極端に偏った主張のコラムも多いのですが、それでいてかなりの集客力があり、大統領選挙当初からずっとトランプを支持してきました。そのかいあって、ブライトバート・ニュースのスティーブ・バノン会長（当時）は、2016年夏にトランプ陣営の選挙対策本部の最高責任者に就任。そして見事に大統領選挙に勝利すると、なんとトランプ政権の首席戦略官・大統領上級顧問に就任し、NSC（国家安全保障会議）の常任メンバーとしてホワイトハウスの中枢にまで上り詰めました。

デマをもいとわぬ極右ニュースサイトが大統領選挙勝利の原動力となり、かつその元代表者がアメリカ政治の中心に座る――。ひと昔前どころか、2、3年前でもとうてい考えられなかったような話が現実となったのです。

Alt-Rightの過激思想は、KKKなどの〝ガチ差別団体〟にも支持されており、リベラル系メディアもその点を批判しています。しかし、Alt-Rightの主力層は逆にそれを「過剰反応するバカ」とネタにして冷笑。トランプの選対を取り仕切っていたバノンも、「レイシストや反ユダヤ主義者がわれわれの思想を支持しているとしても、それはごく一部にすぎない」と一笑に付しています。

この非常に狡猾な二重構造――陰謀論やガセ交じりの記事を真正面から信じる〝情弱〟を釣り上げつつ、もう少し知的な人々も同時に満足させるという構造――も、Ａｌｔ‐Ｒｉｇｈｔの大きな特徴として知っておく必要があります。彼らは単なる極右軍団ではなく、アメリカ社会のリベラル化、多様化、そして急速に進むグローバル化に対する反動から生まれた〝鬼の子〟といっていいでしょう。

マイロ・ヤノプルス――アイドルは〝オカマ野郎〟

〝The Dangerous Faggot Tour（危険なオカマ野郎ツアー）〟――。こんな奇妙なタイトルを銘打ち、全米各地を演説行脚する人物が、トランプ旋風のさなかに注目を集めました。名前はマイロ・ヤノプルス。ブライトバート・ニュースの編集者兼コラムニストとして、勢いづくＡｌｔ‐Ｒｉｇｈｔのムーブメントを支持する若者たちのアイドル的存在となった、31歳のイギリス出身男性です。

端正な顔立ちと整ったヘアスタイル、ハイファッションに身を包み、自らゲイであることを公言するマイロは、その言論活動においては口を開けば人種差別やイスラムヘイト、ミソジニー（女性蔑視）のオンパレード。多様な社会ではあらゆる人に配慮すべきだというＰＣ的な考え方に真っ向から異を唱え、自信満々に差別を語るゲイ論客の名が知られ始めたのは、2014年のいわゆる「ゲーマーゲート事件」でした。

ゲーマーゲート事件とは、ゲーム内における女性差別の風潮を批判した女性ゲーム開発者や女性批評家が、ネットに巣食う多くの男性ゲーマーから徹底的に糾弾され、個人情報をさらされる事態に発展した騒動です。このとき多くのネットユーザーを煽り立て、炎上劇を拡大させたのがマイロでした。また2016年7月にも、彼は映画『ゴーストバスターズ』シリーズの最新作に主演した黒人女優への誹謗《ひぼう》中傷を煽動し、ツイッターアカウントを利用停止になる事件を起こしています。

このように、マイロは集団行動に快楽原則を与え、炎上案件に油を注ぐことで知名度を上げてきました。彼は頭の回転が速く、とにかく弁が立つ。明らかに黒人差別的なニュアンスの発言をする一方で「差別はしない。僕がセックスする相手は黒人の男ばかりだ」と言い、民族差別をしつつも「自分の祖父はユダヤ系。ネオナチは僕を殺したいだろうね」と笑う。ゲイ、ユダヤ系という自らの〝被差別属性〟をチラつかせ、弱みをさらけ出しながら別の差別を焚きつけるマイロは、いうなればマジョリティの表では言えない本音を代弁する〝模範的マイノリティ〟として、人々の差別意識にある種の正当性を与えたのです。

マイロを熱狂的に支持する層は、白人の大学生だといわれます。では、彼らは単なるバカな差別主義者なのかといえば、必ずしもそうとは言い切れません。例えば、あるテレビ番組で女性司会者に「憲法の理念をねじ曲げ、女性や非白人の人権を軽視している」と問い詰められた際、マイロはこう切り返しています。

「私は憲法で認められている表現の自由を守っているだけです。なぜ、フェミニズムや有色人種というテーマに関してだけ、憲法の適用範囲が違うんですか？」

詭弁であるとはいえ、その言葉には一定の真理も含まれている。行き過ぎたPCにうんざりする多感な若者たちは、そこに揺さぶられるのでしょう。地頭はいいけれど社会経験の少ない若者が、コロッとカルトに入信してしまうようなものです。

公民権運動やフェミニズム運動などを通じ、苦しみながらも多様な社会を実現してきたアメリカで、反動的に生まれた稀代の〝煽り屋〟マイロ。彼自身はその後、過去にペドファイル（小児性愛者）を容認するような発言をしていたことが発覚し、集中砲火を浴びていったんは表舞台を去りましたが、「ありのままで」ヘイトを口にするマイロの開放感に熱狂した若者たちは、その先に多様性の否定という「民主主義の終わり」しかないということをいつか理解するのでしょうか。

フェイクニュースはフェイスブックで広がった

ひと昔前の時代は、良くも悪くもマスメディアが言論を支配していました。過激で偏った言説は、大新聞のデスクやテレビ局のディレクターの倫理感やバランス感覚によって検閲され、報道するに値しないとして葬られるか、少なくとも〝注釈つき〟でしか世に出ることはありませんでした。

ところが、インターネットが普及し、有象無象のネットメディアやSNS上の「ネット世論」が力を持つにつれ、状況は一変。相対的に力の落ちたマスメディアは本来の責任を放棄し、ネット世論に引きずられるように「客が喜ぶ派手なネタ」をなりふり構わず提供するようになりました。

その結果、2016年の米大統領選挙では、国家や政党からカルト系団体まで、マスメディアから個人まで、あらゆるプレイヤーが〝情報戦〟に参加。果ては、まったく関係のない欧州の小国マケドニアに住む青年たちまでもが、小遣い稼ぎのためにネットユーザーにウケそうな大統領選挙関連のデマニュースをせっせと作成し、配信していたのです。こうして「兵器化《ウエポナイズ》」されたニセ情報＝フェイクニュースは、アメリカをあっという間に飲み込んでいきました。

その主な拡散ツールとなったのは、日本でも多くの人が使っているフェイスブックです。最近では、相当数のアメリカ人が紙の新聞や特定のニュースサイトではなく、フェイスブックの「トレンディング」（話題になっているニュースのリスト）からニュースを読む生活習慣へとシフトしています。それにしたがって当然、フェイスブック内でのアクセス数拡大を意識したページづくりをするニュースメディアも増え、センセーショナルな見出しの記事が量産される傾向にあります。

大統領選挙でいえば、中道のヒラリーを冷静に評価する記事は盛り上がらず、広く拡散されるのはヒラリーと民主党候補の座を争った急進的左派のバーニー・サンダースを支持する記事、そしてトランプを支持する記事がほとんど。もちろん、そのなかにはＡｌｔ‐Ｒｉｇｈｔのムーブメント参加者が関与したものも少なからずあったはずです。

こうした極端な記事を好む人々のなかに、情報の真偽や一次ソースを自ら確かめようとする〝検証型読者〟はほとんどいません。自分の価値観を補完してくれる気持ちのいい記事やミームを見つけると、ひたすら拡散する。それがさらにシェアされ、フェイクニュースが際限なく広がっていく……。

こうした行動パターンを持つフェイスブックユーザーが億単位にまで膨れ上がると、そこにいくつかの「世論」が生まれるに至るのではないかと僕は見ています。Ａｌｔ‐Ｒｉｇｈｔにしても、そういう状況下で右寄りの思想を持つ人々が価値観を共有し合っているうちに、雪崩を打って現実の世論に影響を及ぼすほど肥大化したという側面もあるのかもしれません。

ちなみに、フェイスブックのトレンディングで取り上げられるトピックスのラインアップは、かつては外注のキュレーターチームが調節していました。ところが２０１６年５月、匿名の内部告発によって「左派寄りの記事を意図的に取り上げている」との疑惑が浮上すると、フェイスブック側は火消しのため人間のキュレーターを排除。そして無人のアルゴリズム方式へ移行した……という経緯があります。

ただ、このアルゴリズムは導入直後にいきなり〝ガセ記事〟を拾ってトレンディングに表示してしまう事件を起こすなど、その精度には大いに疑問が残ります。今は徐々に改善が図られているところでしょうが、いずれにしても「ユーザーを左右両極に振り分ける」というフェイスブックをはじめとするソーシャルメディアの基本設計が変わらない以上、極端な主張をする勢力は、それを最大限に利用して支持拡大を図る。その象徴ともいえるのがＡｌｔ‐Ｒｉｇｈｔであり、彼らの後押しによってトランプ政権入りを果たしたバノンなのです。ひと昔前ならマスメディアに黙殺されていたような人間が、ホワイトハウスの住人になる――そんなアメリカでは今後、ネオナチまがいの言説がノーマライズ（常態化）され、従来は極右と呼ばれていたような言説も「普通の右派」くらいの位置づけになっていくのかもしれません。

これを遠い外国の話だと感じている人も多いかもしれませんが、残念ながら同じことは近い将来、日本でも十分に起こり得ます。なぜなら、日本社会のベースには、一歩間違えば排外主義の種になりかねない「潔癖」という体質が潜んでいるからです。

もう少し具体的に言いましょう。放射能、ＴＰＰ、子宮頸がんワクチン、大麻など、「〇〇が怖い」「〇〇は穢《けが》れている」というタイプの言説が社会のなかでひとたび加速し始めると、日本では多くの人々が目の前にある重い課題をゼロベースで考え抜くことを放棄し、「信じたいことを信じる」傾向が強くなる。そして、みんな同じことを考えるはずだ、そうでないヤツはけしからん……と、大きな同調圧力が生まれる。

この脆弱《ぜいじゃく》な言論空間に、スマートで巧妙な情報操作を行なう集団が現れたらどうなるでしょうか？　たとえ「極右政権誕生」という形はとらなくとも、さまざまな形で排外的な空気が社会全体に染み渡っていく可能性は極めて高いでしょう。

マスメディアが没落してあらゆる情報が水平化した現代社会では、情報の信頼性や真贋《しんがん》、そして〝奥行き〟を受け手側が判断しなければいけなくなりました。具体的な見分け方はケースバイケースですが、ひとつだけ言えることがあります。

自分にとって何かと聞こえのいいこと（例えば「そのままでいいんだよ」など）ばかりを言ってくれるような報道や政治運動は、よく考えてみれば、別の誰かにとっては極めて排他的なものです。そんな言説が力を持つ世の中では、いつしかその排他性が自分にも向かってくる。これからの時代、そのことは誰もが肝に銘じておく必要があるでしょう。

欧米を覆うアンチ・エスタブリッシュメントの波

幽霊の正体見たり枯れ尾花。２０１６年9月末に行なわれた米大統領選挙の第１回テレビ討論会、トランプとヒラリーの直接対決を見て、僕は率直にそう感じました。白状すれば、これで勝負あった、11月の投票でもヒラリーの圧勝だろう、とさえ思いました。

「あなたはspecific（個別具体的）じゃない。concrete solution（現実的な解決策）を何も提示していない」

国務長官などを歴任した百戦錬磨のヒラリーは、こう言ってトランプの弱点を指摘しました。あやふやなディベートに終始するトランプを見ながら、底の浅いポピュリスト（幽霊）の正体が見えた、と僕も確かに感じたのです。

ところが、一度はヒラリーが独走態勢に入ったかに見えた選挙戦は、投票直前になって再び接戦模様へ。そして、「どちらに転ぶかわからない」といわれた選挙を最後の最後に制したのは、ご存じのとおりトランプでした。

政治家としての経験も実力もトランプとは比べ物にならないヒラリーが、まさかの敗戦を喫するに至った理由はひとつではありません。単純に「彼女の物言いや振る舞いが好きじゃない」という人もいたでしょうし、国務長官時代の私用メール問題に対する不信感もあったでしょう。一部に根強く残る女性蔑視の影響も無視できません。ただ、最も強く結果を左右したもの（そして、日本をベースに生活している僕が感じることのできなかったもの）はなんだったのかといえば、それはおそらく「アンチ・エスタブリッシュメント」なのだと思います。

今回の選挙戦報道では、この言葉が実によく使われました。といっても、1970年代前後に全米を席巻したベトナム反戦運動のような先進的な〝反体制〟ではなく、とにかく既存の秩序の側にいる人間や組織を敵対視するというのが現代におけるアンチ・エスタブリッシュメントです。政治のプロであればあるほど、何を言っても忌み嫌われてしまう――元ファーストレディで、オバマ政権時代に国務長官も務めたヒラリーは、初の女性大統領候補であっても「エスタブリッシュメントのど真ん中」と見られてしまったのです。

日本にいるとあまり実感できませんが、アメリカ社会における格差問題は深刻です。多くの人が未来への希望も持てずに取り残され、「もう少し再分配をきちんとしてくれ」という建設的な議論を飛び越えて、「自分は今の社会構造から排除されていて、その分を一部の人間（＝エスタブリッシュメント）が不当に横取りしている」というような強烈な被害者意識を持っている。もはや失うものがない（と感じている）人々が、破壊的な変化を求めてアンチ・エスタブリッシュメント化しているという構図です。

ドラスティックな変化を求める人たちは、右側ではトランプを、左側ではサンダースを強く支持しました。トランプはとにかく既存の秩序を壊すことを約束し続けた。サンダースも敗色濃厚になった予備選の後半、「国際金融」や「ウォールストリート」を批判するあまり、陰謀論めいた主張をかなり強硬にブチかました。たとえ確固たる事実に基づかない話であっても、多くの人々はそこに望みを託したのです。

こうしたムーブメントがここまで拡大したのも、一般市民がソーシャルメディアというツールを得て、デマや偏りすぎた主張を検証もなしに拡散できるようになったからでしょう。キャッチコピーや見出しの強烈さとは裏腹に、その多くはよく読めば論理破綻しているのですが、個人個人のなかで事実よりも「気持ちよさ」が勝ってしまうと、その「事実ではないもの」がいつの間にか既成事実化していく。こうした潮流は〝ポスト・トゥルースの時代〟といわれ、アメリカのみならず欧州各国でも極右政党が躍進するためのエンジンとなっていますが、ある意味、ヒラリー陣営はそれにうまく対応しきれなかったという側面もあります。

ただし、こうして人々の怒りを利用する政治家は大きなリスクを背負っています。それは、いつその怒りが自分に向かってくるかわからないということ。トランプの政権運営は、自らに1票を投じた人々による有形無形のプレッシャーと常に隣り合わせなのです。

リベラル・フェイクニュース

米大統領選挙では主に右寄りのフェイクニュースが問題視されましたが、トランプ大統領の就任後は、それと逆の「リベラル・フェイクニュース」も目立ってきています。

その〝ガセ度合い〟はさまざまで、「ゴルフ中のトランプが腹を下して脱糞し、ズボンに染みをつくった」「メラニア夫人がホワイトハウスの公式ホームページでジュエリーの通販をしている」といったバカバカしいものもある。しかし、なかにはもっと際どい、多くの人が本気で騙されそうなものもあります。例えば……。

「オバマ政権時代に一度は中止が決まったものの、トランプ政権が建設を再開した石油パイプラインに抗議する先住民らのティピー（円錐《えんすい》型テント）に、警察当局が火をつけて燃やした」

この話、パイプライン建設が再開されたことや、先住民が抗議行動をしていることはれっきとした事実です。ところが、「ティピーが燃えている画像」つきで報じられ、フェイスブックで27万回もシェアされたこのニュース、実は肝心の画像がまったく関係のないフィクションの映像作品から切り取られたものでした。つまり、「権力側の横暴」という核心部分だけがフェイクだったのです。

ちなみに、このフェイクニュースの発信元は『オルタナティブ・メディア・シンジゲート』。「ヒトラー最後の秘密が明かされた！」といった記事をデカデカと掲載しているような、露骨な陰謀論系サイトでした。

大統領選挙では右派系フェイクニュースを厳しく批判したリベラル陣営の人々が、なぜこんなデマに騙されてしまうのか。もちろん、最近のアメリカで実際に民族・人種差別的な事件が多発しているという事情もあるでしょうが、それ以上に、多くの人々が「大統領になってしまったトランプ」に不安や恐怖を感じており、「その感情を肯定してくれるネタ」を無意識に欲しているのだと思います。ハーバード大学のある研究者によれば、トランプに負けた悔しさを持ち続け、アンチ・トランプ的なニュースを日々漁《あさ》り続けている人も少なくないそうです。

彼らは常に、自分が正しい側にいると信じている。それゆえに「思ったとおりのニュース」を目にしたとき、とりわけそれが信頼する知人や言論人がシェアしたものなら、その真偽を確かめようともせず、脊髄反射的に拡散に参加してしまうのです。

ところが、フェイクニュースの発信元のほとんどは報道機関と呼べるようなものではなく、単純な利益目的の業者です。政治的な信念など持たず、〝右仕様〟と〝左仕様〟のフェイクニュースを次々と粗製乱造し、両陣営の客からページビューを稼ぐ——実においしいビジネスです。

ちなみに、ある調査によれば、右にしろ左にしろ、フェイクニュースを信じやすい人ほど選挙での投票率が高いとの結果が出ています。つまり、業者が金儲けのために流したウソが、やはり選挙結果に直結しているということです。フェイクニュースを信じる人を嘲笑するのは簡単なことですが、そのツケは結局、騙された人もそうでない人も、選挙結果という形で平等に支払うことになる——そう考えると、特効薬はないにしても、誰もが無視できない問題なのです。

4 ポピュリスト大統領の今後

危険すぎる反ユダヤ主義勢力

1月27日は、国連の定める「国際ホロコースト記念日」です。1945年1月27日、旧ソ連軍によりポーランド南部（当時はナチスドイツ占領下）のアウシュヴィッツ強制収容所が解放されたことにちなみ、2005年に制定された国際デーで、憎悪や偏見、差別感情の危険性を人類に警告することを目的としています。

ところが、2017年の国際ホロコースト記念日――その1週間前に就任したばかりの新大統領トランプの言動は、控えめに言ってもかなり危険なものでした。

まず、トランプは次のような大統領令に署名しました。

〈シリア難民の入国を禁じ、難民受け入れプログラムを4ヵ月間停止し、さらに中東やアフリカの7ヵ国からの入国を一時的に完全に禁じる〉

ホロコーストの時代、多くのユダヤ人が命からがら外国へ逃れたという事実は誰もが知っています。トランプはその歴史を刻むための「記念日」に、よりによって中東などからの難民を拒否する大統領令に署名したわけです。

また、この記念日に際してトランプが発表した声明の内容も際どいものでした。

問題は何が書いてあったかではなく、何が書かれていなかったか、です。声明をくまなく読んでも、そこには「ユダヤ人」あるいは「反ユダヤ主義」という言葉がひとつも見当たらなかったのです。

日本人には理解しづらいところかもしれませんが、国際ホロコースト記念日の大統領声明で、600万人以上が命を奪われた「ユダヤ人」や、その虐殺の元凶である「反ユダヤ主義」に言及しないのは極めて異例のこと。「事件」と言っても過言ではありません（記念日の制定以来、ブッシュもオバマも当然のように言及してきました）。

ナチスによるユダヤ人の大量虐殺＝ホロコーストという歴史的事実の一部、もしくは全体の否定――こうした主張はホロコースト否認論と呼ばれます。その多くは反ユダヤ主義にひもづいた歴史修正主義の発露で、「600万人も殺されていない」「ガス室で大量殺戮《さつりく》した事実はない」「ヒトラーの指示はなかった」など、さまざまな〝流派〟が存在します。

そのひとつに、「殺されたのはユダヤ人だけではない」というタイプがあります。戦争とは多くの人の命を奪うものである→ユダヤ人が多く亡くなったのは事実だが、それはたまたまだ→ナチスはユダヤ人を殲滅《せんめつ》しようとしたわけではない→ユダヤ人の被害だけを特別視するのはいかがなものか……といった具合に、このタイプの主張はどんどん転がっていきます。

そして、問題となった大統領声明が発表されると、こんな疑念がささやかれるようになりました。国際ホロコースト記念日の声明で「ユダヤ人」や「反ユダヤ主義」に一切触れなかったトランプ政権は、こうした〝歴史修正〟を試みているのではないか――。

これは決して根拠のない邪推ではありません。トランプ政権のホープ・ヒックス広報官（当時）は、声明の真意を問われ、次のように回答しています。

「ホロコーストでは非ユダヤ人も500万人殺されている」

「ユダヤ人だけでなく、すべての犠牲者に考慮した」

一見、正論のようにも思えますが、これは反ユダヤ主義者がよく使う詭弁です。「多くの非ユダヤ人も殺された」のは事実でも、その根底にはナチスの優生思想、反ユダヤ的思想があったわけですから。

では、この声明の裏に潜む〝黒幕〟は誰だったのか？　それはおそらく、大統領就任とともにNSC（米国家安全保障会議）の正式メンバーにまで出世したトランプ旋風の仕掛け人、バノン首席戦略官でしょう。

政権発足以前から、バノンに対するトランプの信頼は特別なものがあるといわれてきましたが、過去の言動を見ても、彼の思想が極めて危険であることは疑いようがありません。白人至上主義、反ユダヤ主義、反LGBT……あらゆる差別のオンパレード。ホワイトハウスの中枢にまで入り込んだ彼は、その極右思想を政策の端々に紛れ込ませ、徐々にノーマライズさせていこうと考えていた。その第一歩が、あの国際ホロコースト記念日の声明内容だったと考えてもそれほど不自然ではありません。

「トランプの娘婿のジャレッド・クシュナーはユダヤ人で、彼と結婚したイヴァンカも改宗ユダヤ教徒になっている。トランプが反ユダヤ主義者であるはずがない」

こういった反論もありましたが、問題はトランプ個人の思想ではありません。トランプを支持したアメリカの〝不寛容な白人層〟に反ユダヤ主義的な思想が浸透しており、そこに訴えかけるポピュリズムの道具として、バノンが選挙期間中からこうした〝スパイス〟を随所に加えてきたことが極めて危険なのです。

「ユダヤ人だけが特別視されるのはおかしい」

この「ユダヤ人」を例えば「黒人」や「女性」や「ＬＧＢＴ」といった言葉に置き換えてみれば、その危険さがわかるでしょう。

周辺にちらついたロシアの影

「アメリカは白人のものだ！」

「ヘイル・トランプ（トランプ万歳）‼」

大統領選挙直後の２０１６年11月19日、トランプの勝利を祝う支持者たちの会合の壇上で、こんな演説をした人物がいます。名前はリチャード・スペンサー。Ａｌｔ‐Ｒｉｇｈｔムーブメントの中心人物のひとりであり、白人優位主義や反ユダヤ主義を標榜する「国家政策研究所」の代表を務める男です。大統領選挙では、彼の言動が若い白人たちの投票行動に相当な影響を与えたとみられています。

ちなみに「ヘイル・トランプ」とは、もちろんナチスドイツ時代の「ハイル・ヒトラー（ヒトラー万歳）」という有名なフレーズを英語でまねたもの。参加した人々が大いに盛り上がり、ナチス式敬礼まで飛び出す様子が動画でも報じられています。

トランプが覚醒させつつある21世紀の「アメリカン・ファシズム」——実は、そこにはかつてアメリカと激しく対立していたロシアの思想的影響が色濃く表れています。そのカギを握るのが、アレクサンドル・ドゥーギンというロシア人です。

ドゥーギンは地政学を専門とするモスクワ大学の教授で、ロシアがユーラシア大陸に広く勢力圏を張り巡らせて君臨するという「ネオ・ユーラシア主義」を提唱する思想家です。ウラジーミル・プーチン大統領のブレーンであり、一説にはクレムリンへフリーパスで入れるほどの〝最側近〟ともいわれています。

ドゥーギンの活動はロシア国内にとどまりません。その白人優位主義的主張を拡大すべく、欧米各国の極右勢力（例えばイギリスのＥＵ離脱を煽動した英独立党＝ＵＫＩＰ）のカンファレンスにスカイプで参加するなど、世界各地の排外主義者たちを啓発するロシア的思想の拡散役でもあります。

勘のいい人はもう気づいたと思います。そう、プーチンの最側近であるドゥーギンは、前述のスペンサーが主催するシンポジウムにも、スカイプでゲスト出演していたのです。スペンサーは以前からプーチン大統領を称賛するなど〝親露派〟の姿勢が目立っていましたが、これは果たして偶然でしょうか？

さらに言えば、すでに離婚しているスペンサーの元妻はロシア人のライターで、ある意味ではスペンサー以上にいわくつきの人物です。何しろ彼女は、ドゥーギンの著作をボランティアで英訳するなど、ネオ・ユーラシア主義の英語圏での啓蒙《けいもう》に自ら一役買っているのですから……。

一方、２０１７年1月9日には、在英ロシア大使館の公式アカウントによるこんなツイートが一部で物議を醸しました。

「英各紙は、テリーザ・メイ首相に『米露関係の改善を阻害しろ』と訴えかけているが、最大の友人・同盟国のアメリカを信頼できないのか？」

大使館アカウントがこんな政治的発言をたれ流すだけでも十分に挑発的ですが、最大の問題はそこではありません。このツイートに「Ｐｅｐｅ《ペペ》」と呼ばれるカエルのミーム画像が添付されていたことです。

その意味するところは、欧米の政治をウォッチしている人間ならすぐに理解できるでしょう。何しろPepeは、ほかでもないAlt‐Rightの象徴的キャラクターなのです。アメリカの極右勢力を彷彿とさせるキャラクターが、ロシア大使館の公式アカウントのツイートに使われていた――どう考えてもまともではありません。

英独立党（UKIP）、フランス国民戦線（FN）、オランダ自由党（PVV）……欧州で猛威を振るう極右政党は、ほぼ一様に親露派です。それも単純に思想的な理由だけでなく、どうもロシアから資金提供を受けて活動しているとみて間違いありません。

そしてアメリカのトランプも、どうやらロシアからさまざまな形で「選挙協力」を得ていたという説が濃厚です。例えば、トランプと激しく戦ったヒラリーにとって不利になるようなメールがロシアのサイバー攻撃により流出し、それが選挙結果に大きな影響を与えたといわれています。こうして大統領選挙に勝利したトランプは、新政権の最重要閣僚ポストである国務長官に、親露派でプーチンともパイプがあるといわれる石油最大手エクソン・モービル前CEOのレックス・ティラーソンを指名しました。状況証拠ばかりではありますが、かなり露骨だなという印象を受けます。

ロシアにしてみれば、排外的な思想と潤沢な工作資金を戦略的にエクスポートし、欧米にまたがる〝枢軸〟をつくることで、自らの権益圏・影響圏を広げられる。各国にくすぶる白人の不満にレバレッジを利かせることで、かつてソ連を封じ込めた西側の先進国を乗っ取ろうとしているわけです。しかも、言論や選挙活動によって人々のマインドをハッキングするという「民主的な方法」で——。

ロシアの国営放送では、トランプが大統領選挙に勝利して以降、政治ディスカッション番組を通じて、ウクライナ問題についてかなり過激な議論が放映されたそうです。「もう全面戦争すべきだ」とか、「ウクライナに侵攻して消滅させてから領土をポーランドと分ければトランプも承認するだろう」とか……。もちろんこれはプーチンによる観測気球でしょうが、リベラルで多様な社会を目指した西側先進国の危機に乗じ、ロシアがかなり強気になっているのは間違いありません。

フリンの辞任劇は「クレムリン・ゲート」？

2017年2月13日、政権発足から1ヵ月もたたないうちに、トランプの〝側近中の側近〟のひとりとしてNSCの中心メンバーを務めていたマイケル・フリン大統領補佐官（国家安全保障担当）が辞任しました。

事の発端は2016年12月29日。ロシア政府が米大統領選挙にサイバー攻撃で介入していたとして、当時のオバマ政権が報復制裁措置を発動したのですが、なんとその同じ日に、フリンは駐米ロシア大使と接触し、「トランプ政権発足後の制裁解除」に関する交渉をしていたのです。

当時はまだ一民間人にすぎなかったフリンが外交政策に関与することは、明らかに連邦法違反です。さらに、その事実をすぐに認めず、マイク・ペンス副大統領ら政権内の人間にさえ「交渉はしていない」などとウソをついていたことで、問題はこじれにこじれ、辞任に至ってしまいました。

そもそもフリンはいわくつきの人物でした。イラク戦争やアフガニスタン戦争に従軍した元陸軍中将として、国防情報局（ＤＩＡ）長官にまで上り詰めたものの、イスラム教を「悪性のガン」とまで言い切る過激な差別論者であることを問題視され、オバマ政権の途中でその職を追われます。その後はコンサルティング会社を設立してロシア政府に接近し、露政府系放送局「ロシア・トゥデイ（ＲＴ）」に出演してオバマ政権の外交政策を批判したり、ＲＴ主催のパーティに出席してプーチンと同じテーブルに着いたり……。

そんな人物が、どういうわけか大統領選挙でトランプ陣営に潜り込み、同陣営の対ロシア政策に影響力を及ぼしていた——つまり、彼の背後にはずっとクレムリンの影がちらついているのです。

事件の争点は、フリンがあくまでも独断でロシアと交渉したのか、あるいは誰かの指令があったのか、です。もし大統領本人の関与が明らかになるようなことがあれば、かつてニクソン大統領を辞任に追い込んだ「ウォーターゲート事件」の再来。逆に、フリンの独断だと本人およびトランプ政権が主張し続け、それを覆すだけの証明ができなければ、「イラン・コントラ事件」のように真実は闇の中です。

１９８６年に発覚したイラン・コントラ事件は、当時のレーガン政権が、武器輸出を禁じていたイランに対して極秘裏に武器を売却し、その資金の一部を中米ニカラグアの反政府ゲリラの支援に流用しようとした秘密工作です。かなり複雑な話なので詳細は割愛しますが、事件の中心にいた人物は、トランプ政権におけるフリンと同じく国家安全保障問題担当補佐官を務めていたジョン・ポインデクスターと、ＮＳＣ（国家安全保障会議）のメンバーだったオリバー・ノース中佐のふたりです。彼らは独断でコントラ援助を実行したと主張し続けましたが、レーガン大統領および、後に大統領となるブッシュ副大統領の関与が今でも疑われています。

イラン・コントラ事件と「クレムリン・ゲート」とも揶揄《やゆ》されるフリンの辞任劇に共通するのは、汚れ仕事を実行する人間と大統領の間に〝バッファ（緩衝地帯）〟があること。つまり、後になって事件が発覚しても、大統領本人は「知らぬ存ぜぬ」を貫き通せるだけの絶妙な距離があるのです。

このままフリンがフォール・ガイ（生贄《いけにえ》）となって終わるか、それともいつか本丸まで追及が及ぶのか……。真相は永遠に闇の中、かもしれません。

カオスが支配する「トランプ後の世界」

アメリカが東西冷戦時代から長年かけてつくり上げてきた、自国を軸とするデリケートな世界秩序を突然放り投げ、一斉に手を引いてしまったらどうなるのか——。就任以来、トランプ大統領はそんな危ない〝実験〟を続けていますが、どうやらその結論は「一度壊れた世界は、もう元には戻らない」ということになりそうです。

例えば2017年6月1日、トランプ大統領は国際的な地球温暖化対策の枠組みである「パリ協定」からアメリカが離脱すると表明しました。そもそもこの協定は、オバマ前大統領が主導して環境対策に消極的な中国を巻き込み、発効したものですから、その衝撃は相当なものです。駐中国米代理大使はこの決定に抗議し、すぐに辞任を表明しました。

また、同年6月5日からサウジアラビアやＵＡＥ（アラブ首長国連邦）など7ヵ国がカタールに国交断絶を宣言した問題でも、アメリカの振る舞いは目を覆いたくなるほどひどいものでした。トランプ大統領がツイッターでサウジ側を強く支持する発言をしたそばから、米国防総省は「カタールの長年に及ぶ駐留米軍への支援と地域安全保障への尽力に感謝する」と、真逆の立ち位置からの声明を表明したのです。

この「断交事件」の背景は極めて複雑です。事の発端は、カタールの首長が米政権への批判やイランへの接近をにおわせる発言をし、これにサウジが怒った……というものでした。ところが、米CNNなどの報道によれば、この「カタール首長の発言」とされるものの内容自体が、ロシアのハッカーがカタールの国営通信社のシステムに侵入して発信させたフェイクニュースだったというのです。

この断交に関して、ロシアが実際にどれほどの影響を及ぼしたのか、そしてそれをサウジ側がどの程度把握していたのかは闇の中です。ただ、中東問題に関しては、これまでもあらゆる種類のガセ情報が流され続けてきました。それに対して（少なくとも表向きは）動揺せず、泰然自若と構えることこそが超大国アメリカのプレゼンスのキモであり、〝賢者の選択〟だったはずです。米国防総省のカタールに対するコメントは、こうした流れを踏まえたものでした。

ところが、トランプはこうした戦略を放り投げ、（ロシアの戦略に騙されたか、あるいはわかっていてもそれに便乗した）サウジ側に露骨に肩入れしてしまった。ひとりの大統領によって、アメリカの外交が〝シロウト化〟してしまったのです。

アメリカという国が世界各地で莫大《ばくだい》な政治的・経済的・人的投資を行ない、時に汚い工作や残虐行為に手を染めつつも、ある種の安定に寄与してきたのは紛れもない事実です。その歴史的経緯を踏まえると、トランプのあまりに粗暴なやり方は、世界各国のアメリカに対する信頼——特に、アメリカが発信する理念や道義に対する信頼を間違いなく破壊していく。今後、アメリカは「世界の基軸」「世界の警察」の地位からは滑り落ち、その権益や影響力は極めて限定的になっていくでしょう。

そして、これまでアメリカが「警察」として振る舞うことで微妙な安定を保ってきた中東地域などでは、ロシアや中国がその隙間に入り込んでくるはずです。カタール問題は、〝トランプ後の世界〟のカオスぶりを示唆しているような気がしてなりません。

こうした傾向は北朝鮮問題でも同様です。トランプ政権は当初、核ミサイル開発を進める北朝鮮に相当な迫力で脅しをかけたものの、その先の具体的なプランはなく、結局は何もできませんでした。トランプはその後、中国になんとか責任をなすりつけようとしていますが、それも一向に効果を上げる気配はありません。

この問題を少し視点を変えて見ると、平和主義の日本人には信じたくない現実が明らかになってきます。それは、ロシアや中国はある意味で「北朝鮮が核保有してもかまわない」と考えているということです。それどころか、むしろ北朝鮮問題は「アメリカの影響力減退＝世界の多極化」を望むロシアや中国の戦略のために利用されている、と言っても差し支えないでしょう。

なぜなら、北朝鮮の核保有が現実となれば、もうアメリカはおいそれと東アジアの問題に手出しできなくなるからです。中国は常にのらりくらりと対北朝鮮制裁を骨抜きにし、ロシアも貿易や軍事技術の供与を通じて北朝鮮を裏側から〝下支え〟してきましたが、その背景には「アメリカ排除」という共通の利害があるわけです（トランプの性急な言動は、図らずもそれを後押ししてしまったともいえます）。

こうしていずれアジアを捨て、自国の殻に閉じこもり始めたアメリカは、大西洋側だけを向いてイギリスとの同盟をとにかく堅持する一方、フランスやドイツとは一定の距離を保ち、NATO（北大西洋条約機構）はますます弱体化する。そして気づいた頃にはヨーロッパにロシアの軍事力が迫り、アジアからアフリカには「一帯一路」を掲げる中国マネーの権益が延びている――。このあたりが、ロシアや中国の描く〝理想のユーラシア大陸〟のエンドゲーム（着地点）でしょう。

こうなると、世界のモラルも大きく変わります。〝中華帝国圏〟では中国共産党の意向が規範となり、〝ロシア圏〟では多様性を許さない反リベラリズムが規範となる。世界の各地域を「大きなローカルルール」が支配し、アメリカが第2次世界大戦後に啓蒙してきた自由や平等の精神は隅に追いやられてしまうことになります。

そんな状況下でも、なぜか日本の左派層はいまだにアメリカの力を信じているようです。しかし、「憲法9条を守れ」という平和主義は、はっきり言ってしまえば、アメリカの核戦力を含む圧倒的な軍事力を背景にした〝旧世界秩序〟の中でしか成立しないサブカルです。中国が日本の改憲を警戒するのは、「平和のため」だと本気で思いますか？　そんなわけがない。そのままでいてくれたほうが都合がいいからです。

ただし、ゲームのルールが変わりつつあることを理解できていないのは多くの右派層も同じです。改憲に関する議論は「日本の誇り」や「尊厳」を取り戻すためではなく、あくまでもこうした現状に対応するためにやるべきかどうか、という点が本筋のはず。アメリカの弱体化に備えて、自ら最終防衛線を引くために改憲するのが本当にベターかどうか――そういう軸となる議論が、日本にはまったくありません。本来であれば北朝鮮の核開発が表面化した1990年代に、憲法改正や日本の核保有（アメリカとの共同保有を含む）をタブーなしで議論するべきだったのですが……。

いったんアメリカの退潮が始まってしまえば、トランプの次の大統領がどんなにまともであろうと、その流れを止めることはできない。そしてアメリカが退いたアジアには、巨大な中国とならず者の核保有国家・北朝鮮が残る。政治も大手メディアも核心を突いた議論を避け続ける日本に、その現実を受け入れる準備はあるでしょうか？

第2章

欧州とテロリズム

吹き荒れる移民排斥の嵐

2016年8月、米大統領選挙の共和党候補だったトランプの支持者集会で、ある〝大物〟が応援演説を行ないました。その2ヵ月前にイギリスの国民投票でEU離脱派の勝利に主導的な役割を果たした、英独立党のナイジェル・ファラージ元党首です。当時はトランプ陣営の劣勢が伝えられていたため、グローバリズムや移民、そしてエスタブリッシュメントを徹底批判するレトリックでイギリスの国民投票に勝ったファラージを呼ぶことで、「まだまだ勝負はわからない、『まさか』は起こり得る」とアピールする狙いもあったのでしょう（そして実際、トランプも11月には逆転勝利を収めることになります）。

気になるのは、このように欧米の右派ポピュリストたちが連携するような動きを見せていることです。

昨今の欧州では英独立党、フランス国民戦線、ドイツのための選択肢、オランダ自由党、オーストリア自由党（FPO）といった極右ともいえる右派政党が勢力を拡大し、大衆を煽りに煽っています。その主義・主張はトランプと似た部分も多く、ファラージに加えてフランス国民戦線のマリーヌ・ルペン党首なども、米大統領選挙の際にははっきりとトランプ支持を表明していました。彼らは国境を越えて「煽動」という共通目的のために連携し、〝極右枢軸〟をつくろうとしているのかもしれません（そして第1章で述べたとおり、その蝶番《ちょうつがい》のような役割を果たしているのがロシアのプーチンです）。

ポピュリストの詭弁には共通点があります。それは個々の小さな事例を過剰に一般化し、そして「巨悪化」すること。例えば右派のポピュリストなら、「ムスリムの移民が増えた↓ムスリムが国を乗っ取ろうとしている」とか、「うちの国はEUへの予算負担が大きい↓EU官僚がわが国民の富を食い物にしている」といった具合です。場合によっては半分ほど真実が混じっていることもあれば、1を100にするような針小棒大なストーリーであることもありますが、いずれにしてもこうして「火に油を注ぐ」ようなやり方が、現状に不満を持つ人々にはよく響くのです。

こうした構造はアメリカも欧州も同じですが、ただし、欧州には違った事情もあります。アメリカと比べ、IS（イスラム国）などのイスラム過激派や、その思想に共鳴するローンウルフによるテロの脅威がはるかに身近なところにある、という点です。各国で実際に国民が犠牲となる大規模テロが起き、しかもシリアなどからは今も難民が押し寄せている――この現実は欧州社会にどう影響しているのでしょうか。

Ⅰ　テロに揺さぶられる国民

シャルリー・エブド襲撃事件が変えたもの

２０１５年１月、フランスで風刺雑誌を発行するパリのシャルリー・エブド社を覆面姿の武装犯たちが襲撃し、編集長やコラム執筆者など12人を殺害するというテロ事件が起きました。日本では「表現の自由は守られるべきだ、許されない事件だ」とか、逆に「シャルリー・エブドのイスラム教に対する風刺は度を越えていた。他人の宗教を批判することは許されない」といった、いわゆる〝原理原則論〟だけを振りかざす人も多かったのですが、実際のところ、事件の背景はとても複雑です。それを度外視してインスタントに正義を語るのは、この事件を対岸の火事としか思わない人の〝無責任な言いっ放し〟でしかありません。

欧米の西側資本主義社会では、「多文化共生」が半世紀に及ぶ大テーマでした。移民も積極的に受け入れ、民族や肌の色や宗教が違っても、同じ国の人間として共存しようという理想を追ったわけです。フランスは、そうした試みの先駆者たる国のひとつでした。

実際のところ、移民であってもその国のルールを受け入れ、現地社会で大成功した人たちもいます。今も昔も、才能があって美しい超エリートたちは、出自も何も関係なく競争に勝ち抜いて輝けたのです。彼らのサクセスストーリーは多くの人を感動させ、社会の一体感を保ち、多様性という価値観を育て、「共存のために対話をしよう」という美徳を支えてきたと言っていいでしょう。

しかし、今になって思えば、その美徳は〝豊かさの幻想〟があってこそ成り立つものでした。経済成長に裏打ちされた「頑張って働けば、今よりいい暮らしができる」という共通の信頼感が、平等な社会という理想を裏から支えていたのです。

それが崩れ始めたのは、1980年代から90年代。アメリカのレーガン政権、イギリスのマーガレット・サッチャー政権が大規模な金融規制緩和など新自由主義と呼ばれる政策を進めた結果、やがて富が一部に集中し、中産階級が地盤沈下し、経済格差が広がった。移民コミュニティの中でも、富の恩恵にあずかれない人が増えた。グローバル化の流れに乗って、アメリカやイギリスだけでなく、フランスやドイツなどでもやや遅れて同じ現象が進行していきました。

そして2010年頃には、こうした格差が固定的なものと認識されるようになりました。言い換えれば、これは「絶望の確定」です。みんな口では平等な社会と言うけれど、いざ経済が悪化して全員に分け前が渡らなくなると、やっぱり出自で雇用や出世が差別される。

そこで絶望や憎悪が生まれる。どうせ俺は生まれつきダメなんだ、あいつは出自がいいから上まで行けるんだ……と。

先進国生まれのムスリムの若者が、アルカイダのような過激な思想に共鳴している――そんなニュースを聞くようになったのも、やはり2010年頃からです。それ以前にも「共存の美意識」なんて無視してテロリストになるというケースはありましたが、それはあくまでもイレギュラーなケースでした。しかし、今ではある意味、そうした流れが必然性を帯びてしまっています。

忘れてはいけないのは、欧米社会では常に「対話」の努力がなされてきたということです。複雑な状況の中で、何十年間も互いに共存しようと努力してきた。それでも、残念ながらこのような事件が起きてしまうと、社会の雰囲気は大きく変わります。9・11の後、アメリカがムスリム監視やイラク侵攻といった方向へ雪崩を打ったことにかなり批判的だったフランスですら、ひとたびテロの〝当事者〟になると、治安当局がムスリムコミュニティへの監視を一気に強め、「疑わしきは捕まえろ」という空気になってしまいました。

こうして、テロの脅威に直面した欧州各国では、ムスリムの自国文化への同化の強要、あるいはムスリム排斥を訴える極右政党が支持を伸ばしていったのです。

ルペンを押し上げた〝愚連隊志向〟

シャルリー・エブド襲撃事件に続いて、同年11月にはパリを大規模な同時多発テロが襲いました。死者130人、負傷者300人以上という凄惨なこの事件は、隣国ベルギーを拠点とする欧州生まれのＩＳ戦闘員たちによるものでした。そして、テロの激震冷めやらぬ同年12月に行なわれたフランス地域圏議会選挙の第１回投票では、全13地域圏のうち６地域圏で移民排斥を訴えるマリーヌ・ルペンのＦＮ（国民戦線）がトップを獲得したのです。

同選挙の第２回投票では、いずれの地域圏でも他政党がトップを奪還したため、これは日本ではあまり大きなニュースになりませんでした。しかし、ご存じのとおりルペンは２０１７年５月のフランス大統領選で、敗れはしたものの決選投票にまで残り、次回大統領選挙の本命候補のひとりというポジションを確保。もはや単なる極右政党トップから、確固たる支持基盤を築いた大物政治家へと上り詰めたのです。

１９７２年にＦＮを創設したジャン＝マリー・ルペンの娘であるマリーヌ・ルペンは、２０１１年に同党の２代目党首に就任しましたが、当初フランスのメディアや知識人は、この女性をかなり甘く見ていたと言わざるを得ません。彼女が露骨な差別発言の多い父親を党から追い出し、同性愛や人工中絶の容認といった極右政党としては斬新な方針を打ち出してゲイコミュニティなどから支持を得ても、多くの主流メディアは「こんなファシストを擁護するのは頭の悪い少数派だけだ」と、歯牙にもかけませんでした。

しかし、ルペンはひたすら庶民に語りかけました。イデオロギーよりも〝リアル〟を押し出して。実際のところ、近年多くのフランスの庶民は「多文化共生」を心から歓迎しているわけではなく、その理念の下で自国社会に移民や難民が増えていく〝違和感〟をなんとか飲み込んでいるだけだったのです。そのことがわかっていたルペンは、国民が抱える違和感で大きく膨らんだ無数の風船に一本一本、針を刺していくように、人々の本音を代弁して支持を拡大させていきました。

アメリカのトランプの例を見ても、そうした構造はよくわかります。大統領選挙ではトランプの「ムスリム入国禁止発言」がメディアで大きく取り上げられ、猛烈な批判を浴びましたが、その後の世論調査でも彼の支持率は変わりませんでした。表立って本音を言えない人々の留飲を下げることに長けたポピュリストは、たとえメディアや知識層に厳しく批判されても、一方で必ず「よくぞ言ってくれた」「差別的だが、真理を突いている」といった賛同や消極的支持を獲得します。そしてその結果、「全ムスリムを監視するのは是か非か」といった非常に低次元な、しかし〝炎上商法〟としては非常に有効な議論へと話をすり替えていくのです。

自国が大きな危機に見舞われたり、本音を言いづらい社会状況に陥ったりしたとき、一部の大衆の間には「思い切り差別したい、乱暴に振る舞いたい」という〝愚連隊志向〟が芽生えます。フランスは実際にテロの被害に遭ったばかりでしたし、アメリカも２０１１年の９・11同時多発テロや、２０１３年のボストンマラソン爆弾テロの記憶がまだ新しく、最近もＩＳにテロの標的として名指しされていた。こうした背景がルペンやトランプの躍進を大いに後押ししたことは論をまちません。

ほかにも、例えば多くの難民を受け入れて世論が割れているドイツでは、移民排斥論者たちが「政治家と大手メディアが世界を支配し、真実を隠している」という陰謀論の流布にある程度成功し、「ライイング（ウソつき）メディア」という言葉がすっかり定着しています。これもまた、「大手メディアはウソばかり」というトランプの主張と非常によく似ています。

ＩＳのリクルーターが「非ムスリム」を落とす手口

欧米に住むムスリムの若者（主に移民2世や3世）が過激化し、ＩＳのメンバーになったり、そうでなくともその思想に共鳴してテロを企てるという事例はすでに多くのメディアが報じていますから、ご存じの方も多いでしょう。しかし、実はムスリムではない人々にも、すでに過激思想への誘惑の手は及んでいます。

ＩＳはインターネットを中心にリクルートや煽動を行なってきましたが、実際のところ、彼らのプロパガンダはかつてナチスドイツや旧ソ連が国家規模でやっていたものとは質がまったく違います。例えば、ＩＳへの参加やローンウルフテロを呼びかける動画にしても、話す内容はかなり荒っぽく〝歴史修正〟が施されている。それなりにリテラシーがあれば、荒唐無稽なデタラメや使い古された陰謀論が多々交じっていることはすぐにわかるレベルです。しかし、それでもそのプロパガンダをなんら疑うことなく〝丸のみ〟し、何かに目覚めてしまう若者が世界各地に一定数いるのです。

そもそもＩＳのプロパガンダは、マジョリティの共感を獲得する必要がありません。世の中のマイノリティ、異端者こそ立ち上がれと焚きつけている。日本でも有名になったあの首斬り動画も、99・99パーセントの人は「ひどい」「気分が悪くて見られない」と拒絶するでしょうが、わずか0・01パーセント、1万人にひとりでもグサッと突き刺さればいい。世論が「勧善懲悪」のほうに振れれば振れるほど、それに違和感を感じ、少しだけ集団から飛び出てしまう人というのは必ずいるものですが、そういう〝人材〟をＩＳのリクルーターは探すのです。まるでサメが血のにおいを嗅いで弱った獲物を探すように。

例えば、アメリカの片田舎に住む20代前半の非ムスリムの女性が、リクルーターによってほぼ〝陥落〟していたケースがあります。彼女は精神的な病を抱え、ほとんど友達もおらず、祖母と共に暮らす自宅で療養していたのですが、ある日、ツイッターでＩＳが公開した首斬り動画について「理解を示すようなつぶやき」をしました。すると、（どこまで本当かはわかりませんが）「イギリス在住の51歳の妻子持ち」という男がどこからともなく現れ、彼女にツイッター上で接触し始めたのです。

このリクルーターは毎日のように彼女と連絡をとり、〝優しいおじさん〟として毎日何時間も、スカイプで顔を見せながら会話をしたといいます。また、チョコレートやスカーフや本を彼女の自宅にプレゼントとして送ったこともあったそうです。こうして友達のような関係を築きながら、巧みな話術で彼女を〝グルーミング〟し、あと少しで中東行きの航空券のやりとりをするところまで進んだのです（異変に気づいた祖母がメディアに相談を持ちかけたことで、このリクルートは〝未遂〟に終わりました）。

このケースは、先進国に住む非ムスリムでさえも、ＩＳの呼びかけの対象となっていたことを示しています。みんなが嫌悪感を示すもの、反対しているものに対し、「そんなことはない」と主張したがる人はどこにでもいる。〝逆張りの自分〟に価値を見いだすタイプの若者は、テロリストによるリクルートの格好のターゲットなのです。

もちろん、これは日本にとってもまったく他人事ではありません。テロ組織のリクルーターが日本語というガラパゴス言語の壁を乗り越え、狙いを定めてくるなら、〝和製ホームグロウンテロリスト〟はいつ誕生してもおかしくないのです。

2

中東から世界に散るテロ

ＩＳが目をつけた〝見棄てられた民〟の半島

近年、欧州各国で活発にテロを行なってきたＩＳ（イスラム国）は、２０１４年６月に突如として「建国宣言」を行ない、そこから1年ほどの間にシリアやイラクへ勢力を急速に広げました。しかし、米軍率いる有志連合やロシア軍による空爆、イラク軍の国土奪還作戦などで、２０１６年以降は支配地域を減らしています。

ただ、だからといってＩＳという組織やその思想そのものが消滅するわけではありません。中心となるシリアやイラクから、ほかの中東地域やアフリカ、あるいはアジアへと分散するなどして、その活動は続いています。この傾向は今後も続くでしょう。

そうした〝分地〟のひとつが、エジプト東部のシナイ半島です。なぜ、ＩＳはこの場所で勢力を拡大できたのか。その背景には非常に複雑な歴史的経緯があります。

シナイ半島の大半は砂漠や山地ですが、その東端はイスラエルやパレスチナ自治区ガザとの境界に面し、西端にはスエズ運河が流れるという地政学上、非常に特殊かつ重要な場所にあります。1952年のエジプト革命後はエジプトに組み入れられたものの、1967年の第3次中東戦争ではイスラエルによる軍事侵攻を受け、1973年の第4次中東戦争でも無数の銃弾が飛び交いました。

古くからシナイ半島では、「ベドウィン」と呼ばれるアラブ遊牧民が部族単位で暮らしています。彼らはエジプトの市民法ではなく、独自の慣習法「ウルフ」に従い生活するなど、一般のエジプト国民とはまったく異なる存在でもあります。

1979年にアメリカの仲介でエジプトとイスラエルが平和条約を結び、シナイ半島がエジプトに返還されて以来、エジプト政府はベドウィンを抑圧し続けてきました。彼らの歴史、生活、尊厳を踏みにじって土地を強制的に収奪し、大規模な開発を行なった結果、今やシナイ半島南部はエジプト有数のリゾート地となったのです。

当然、多くのベドウィンはエジプトという国に憎しみを抱いています。特に2011年の「アラブの春」以降、エジプト警察がカイロなど都市部の治安維持に多大なリソースを割かざるを得なくなり、シナイ半島の監視体制が弱体化すると、彼らの積年の恨みが目に見える形で〝実行〟に移されるケースも増えてきました。例えばアラブの春の直後、エジプトから隣国へ天然ガスを供給しているパイプラインが爆破される事件が起きましたが、その犯人はベドウィンだったともいわれています。

こうした混乱に目をつけたのがＩＳでした。エジプト政府から水道や電気といったインフラさえ満足に与えられないベドウィンは非常に貧しい。そんな状況下で、ＩＳが反エジプト感情を煽りつつ、金銭的なインセンティブをちらつかせれば、一部の血気盛んな若いベドウィンを仲間に取り込むことは難しくありません。しかも、シナイ半島はイスラエルとの和平協定で「非武装地帯」に定められ、エジプト軍が駐屯できないため、以前から過激派によるテロが頻発していました。つまり、ＩＳにとってはこれ以上ない〝勢力拡大拠点〟だったというわけです。

これは国際社会が長年、エジプト政府によるベドウィン弾圧を黙殺してきたことの結果でもあります（英語圏でも関連報道の蓄積は決して多くありません）。世界にはたくさんの〝弱者集団〟が存在していますが、チベットのように世界中から注目され、欧米社会が莫大な支援を行なうケースがある一方、シナイ半島のベドウィンのように無視され続ける人々もいる。こうしたエアポケットが、ＩＳのような組織にとっては格好の居場所になるのです。

欧州の新たな火薬庫・ボスニア

フランス・パリ同時多発テロ事件では、犯人たちが拠点としていたベルギーの首都ブリュッセルが〝欧州産ジハーディスト〟を輩出した街として世界から注目されました。しかし、実は多くの中東ウォッチャーがベルギー以上に警戒している国があります。西欧と中東地域の中間点に位置するバルカン半島のボスニア・ヘルツェゴビナです。

現地の報道によれば、2015年に新たにISに加わったボスニア出身者は、当局が把握しているだけで92人に上りました。ISが本拠地としていたシリアやイラクを除けば、この数字はヨルダン、チュニジア、サウジアラビアに次ぐ4番目の多さで、欧州の国のなかでは最多です（ちなみに続く5位も同じバルカン半島のコソボでした）。

現にここ数年、ボスニア国内では多くのテロが発生していますし、ISなどの組織にリクルートされ、シリアなどで戦闘方法や爆弾製造を学んだボスニア出身者による欧州各国での「作戦遂行」が今も危惧されています。なぜ、ボスニアからは多くのジハーディストが生まれるのでしょうか。

国家や地域が、互いに対立する複数の小さな国家・地域に分裂していくことを表す〝Balkanize（バルカナイズ）〟という地政学用語があります。バルカン半島の民族対立が第1次世界大戦の引き金となり、〝欧州の火薬庫〟と呼ばれた頃に生まれた造語ですが、現状を見るにつけ、この地域の問題はあれから100年たっても何も解決できていないのだと言わざるを得ません。

もともと旧ユーゴスラビア連邦内の共和国だったボスニアは、ユーゴ崩壊により1992年に独立を宣言しましたが、内戦終結後もセルビア人（主に正教徒）、クロアチア人（主にカトリック）、ボシュニャク人（主にイスラム教徒）が混在する「半国家状態」が続いています。表向きは統一国家として民族融和策が取られていますが、民族間のわだかまりは今も根深く残っているのです。

また、ボスニアの失業率は50パーセント近いとされ（パレスチナのガザ地区とほぼ同水準）、経済はどん底で教育水準も低い。警察機構が22個に分かれるなど、治安維持能力も脆弱。内戦の影響から武器の調達が容易で、2015年1月のパリのシャルリー・エブド襲撃事件でもボスニア製の銃弾が使われた。……どこをどう見ても、原理主義的なアジテーション（煽動）やテロリズムが浸透しやすい下地が整っています。

さらに、この地域のムスリム社会には、1990年代のボスニア紛争やコソボ紛争で起きたムスリム虐殺を見棄てた国際世界に対する不信感も根強く残っています。内戦当時、ボスニアにはアラブ諸国から1000人近いムスリムの義勇兵が流入し、ボシュニャク人に過激な思想——「欧米の十字軍を倒し、純粋なイスラムのカリフ制国家が全世界を治めるしかない」という陰謀史観交じりの義侠心を〝教育〟したといいます。あの頃、「なぜムスリムだけが無意味に殺されるのか」という疑問を抱いた子供たちが、今や大人になってISのような過激思想に共鳴しているという側面も否定できません。

ウイグルの怒りに共感できるか

ＩＳなどイスラム過激派によるテロ行為は当然、許されるべきものではありません。ただその一方で、一連のテロは「イスラムの教義を曲解した〝変なヤツら〟による犯罪」という単純な問題でもありません。

欧米の先進国の多くは、豊かになっていく過程で移民の労働力に依存しつつ、その一方で彼らに対する偏見や格差を社会に内包してきました。また、パレスチナの悲劇的な状況や中東諸国の独裁者による人権蹂躙《じゅうりん》に対しても「見て見ぬふり」を続けながら、彼らの国にある資源や安い労働力を成長の原資としてきました。そうした構造に対する不満をため込んできた人々のうちの一部が、過激で暴力的な思想に共鳴してしまっているのは否定できない事実です。見方によっては、欧州の先進国には今まさにカルマのように、〝見棄ててきた不幸〟が逆流してきていると言えるかもしれません。

しかし、これを日本人が「欧米人の自業自得だ」「植民地主義の天罰だ」などと冷淡に突き放すのは明らかに間違っています。なぜなら現代社会においては、グローバリズムに加担している国はすべて「結ばれている」からです。日本という国も、さまざまな人々の不幸な境遇を利用することで豊かさを享受している。フランスが当事者であるように、日本もまたテロが生まれる構造の当事者なのです。

残念ながら、こうした怒りをもとにしたテロが日本で起きる可能性をゼロにはできません。より厳しく言えば、状況は〝not if but when〟――来るか来ないかではなく、いつ来るかの問題です。

ただし、その可能性を少なくできる方法はあります。そのひとつは、中国や北朝鮮など近隣国の人権問題、独裁、男尊女卑……といったあらゆる不公平、不正義をしっかりと見つめることです。特に、中国国内の新疆《しんきょう》ウイグル自治区という〝火種〟から目をそらすべきではないでしょう。

中国の習近平《しゅうきんぺい》政権は近年、「ウイグル族がISとつながっている」という大義名分を掲げ、以前にも増して過酷な弾圧を加えてきました。最近では同自治区を脱出し、トルコなどに亡命するウイグル族も増加中で、その一部はさらにシリアなどへ流れ、実際にISなど武装組織の戦闘員になっているといわれています。また、真相は明らかではありませんが、2015年8月にタイの首都バンコクで発生した爆発テロ事件でも、ウイグル族の関与が疑われています。

彼らの怒りの対象はもちろん中国共産党ですが、それに加えてこれまで中国の圧政を見過ごしてきた国際社会への怒りもあるのです。タイで起きたようなテロが、日本では絶対に起きないと誰が言えるでしょうか。

自分たちの幸福を支えている不幸が、いつかどこかでねじれて逆流してくる。もしかしたら自分も加害者のひとりかもしれない。そんな気持ちを心の中で「泳がせ続ける」ことは、あまり気分のいい作業ではありません。しかし、自分たちの当事者性のなさを強調して、自分のなかにいつまでも逃げ道をつくるのは見苦しい。まずはひとりひとりがその違和感をそっと口に含んで、すぐにのみ込むでもなく、吐き出すでもなく、ゆっくり咀嚼して味わってみる――そこからしか解決の道は開けないでしょう。

第3章

リアリズムなき日本

負け続けるリベラル

日本はどう変わるべきか？　この問いかけに、皆さんはどう答えるでしょうか。

僕の経験則で言えば、問題点を指摘して「こう変わるべきだ」と話すと、右派からも左派からも、巧妙に形を整えた〝現状礼賛〟で切り返されることが少なくありません。例えば、右派なら「移民なんて必要ない、このままでも日本はうまくいく」。左派なら「憲法改正も集団的自衛権も必要ない、これまでずっと日本は平和にやってきた」。現実をフラットに見ることなく、問題提起を根底から覆し、永遠に結論を出さない。こんな詭弁で切り返されてしまっては、もう議論は前に進みません。

僕はそんなとき、英語の「トーケン（token）」という言葉を思い出します。日本語に訳すのは難しいのですが、あえて表現すれば、「形ばかりの○○」というような意味。何かよくないことを指摘される前に、見栄えをよくするためだけに都合のいい手を打っておく……というようなときに使う言葉です。

例えば、ある企業が男女平等をアピールするために、女性社員を部長に昇格させたとします。それ自体はいいことなのですが、では、その女性部長が会社の上層部に取り入りたいあまり（あるいは生き残りに必死になるあまり）、「私は厳しい時代に頑張った。あなたたちも自分の力で頑張れ」と、後輩の女性社員があまり権利を主張しないよう働きかけていたとしたら？　……こうなると、実態は「現状を維持したい体制側と、そこに既得権を見いだしたマイノリティ」による共同統治であり、当初の「男女平等」という目的はどこかへ消えてしまう。これが一種のトークンです。

実は、これは大英帝国の植民地統治モデルと同じ構図です。例えばインドでは、大英帝国はマイノリティのシーク教徒を重用したのですが、これは「マイノリティを心から応援したい」わけではもちろんありません。マイノリティに追い抜かされたマジョリティのヒンズー教徒たちの怒りを、本当の支配者である大英帝国ではなく、シーク教徒へと向かわせる効果を狙ってのものです。一方、シーク教徒のほうにしてみれば、大英帝国がいなければ自分たちは〝ただのマイノリティ〟に戻ってしまうわけですから、憎まれ役になることもいとわず協力するわけです。

なぜこんな話をするかというと、僕には日本の与党と野党の関係がまるでトークンのように見えるからです。皮肉なことに、両者は日本社会について「現状維持がいい」という本音の部分が共通している。共産党にしても、表向きは常に権力に反対し、キラキラした目で弱者を助けに行く（あるいはそのポーズを取る）ことで票を集めていますが、そこに一定の意味はあるにせよ、弱者が生まれる構造を本気で変えようとはしていません。むしろ、結果的にガス抜き効果が生まれて、権力の安泰に寄与しているとさえ思えます。

こういう話をしても、よく「海外よりはマシだ」と現状を肯定する人がいます。確かに、一党独裁の中国や、愛国心という言葉に人々が思考停止しがちな韓国と比べれば、日本は健全な状況かもしれない。しかし、はっきり言ってしまえば、日本にはガチンコの政治議論がない。なぜかというと、野党や左派メディアの多くが本音では「現状維持でもいい」と思っていて、本気で論戦を仕掛けようとしないからです。その構造がある限り、自民党に対抗し得るような進歩的なリベラル勢力は出てきません。

戦後日本の論壇を長く主導してきたリベラル左翼の知識層たちの間には、アジア人なのに敗戦後はアメリカの軍門に下り、その代償として自分たちだけが豊かになっていった日本という国のあり方への後ろめたさ——つまり、「東洋人の魂を売った」という極めて自虐的なパラダイムがありました。そのため彼らの言論は、突き詰めればひたすら亡国と懺《ざん》悔《げ》の繰り返しで、そのループに安住するうちにいつしか「戦前に立ち返るようなことがなければ、あとは深く考えなくてもいい」という知的怠慢が生じたように思います。

こうした知的怠慢の〝もみ返し〟は、世紀をまたぐ2000年頃から起き始めたような気がします。経済的にも人口構成的にも、日本の社会が大きく変容していくなかで、今度はとても無邪気な、「日本人がいちばん優れている」とか「日本を理解できない欧米人の言うことなど聞く必要はない」というような右寄りの孤立主義が勃興し始めました。また、左の論客からも「日本人は（欧米化する）明治以前から立派だった」「江戸時代に戻ろう」などといった、歴史修正的に過去を理想化する人も出てきました。

しかし、少し考えればわかることですが、これだけ世界が変わっていくなかで、世界のあらゆる国や人や組織と相互依存しているはずの日本だけが「変わらなくていい」などという都合のいい話はありません。変化の必要性から目をそらし、まるで趣味のようなレベルの〝ゆるい議論〟に終始してきたことで、日本はポピュリズムや突発的な危機に対して非常にもろい国になってしまいました（２０１１年の福島第一原発事故後の言論界の大混乱はその典型でしょう）。

象徴的に言えば、これからはリベラル側こそがガチンコの議論を通じて、「９条の向こう側」を見にいかなくてはなりません。もちろんここでいう「９条」は、日本国憲法９条だけを指しているのではなく、日本社会の至る所にある「触れてはいけないとされてきたもの」、簡単に言えばタブーのことです。「９条」に縛られるのではなく、その向こう側には何があるんだろうと考え、新しい、よりよいものを求めていく。それを率先してやることこそが、本来のリベラルの役割なのですから。

I

日本型「戦後リベラル」の勘違い

現代の軍は戦争を止めるためにある

２０１５年９月、自民党・安倍政権が提出した集団的自衛権の行使容認を柱とする「安全保障関連法案」が可決・成立しました。これに反対する人々やメディアは、「軍靴の音が聞こえる！」「徴兵制がやって来る！」などと、冷静に見ればさじを投げたとしか思えないような主張を展開しましたが、さすがにこれには目を疑いました。論理の飛躍があまりにひどすぎて、反論する気も失せるほどでした。まるで冷凍庫に入れておいたものがそのまま解凍されるかのように、昭和12年の大日本帝国が蘇り、中国・盧溝橋《ろこうきょう》をドカンと爆破するようなイメージがあったのでしょうか。

あえてこういう言い方をしますが、ここから戦争になるまでどれだけ大変か知っていますか？　今の時代、国家同士の本格的な戦争が起きることを防ぐ国際的なメカニズムは相当に複雑かつ強固です。言い換えれば、仮に日本のトップが戦争をやりたくなったとしても、なかなか戦争にまで持ち込ませてくれないのが現代の国際社会です。その「遠近感」

を無視して、第2次世界大戦型のフレームワークを持ち出すこと自体が決定的に間違っているのです。

例えば、「尖閣《せんかく》諸島をめぐって中国と一触即発の事態になる」というパターン。沖縄に米軍がいる限り、大量の中国人民解放軍兵士が魚釣島《うおつりじま》にいきなり上陸してくるということはほぼ考えられません。あり得るのは、漁業関係者や海上保安庁がなんらかの小競り合いに巻き込まれるようなケースですが、それでもほとんどの場合、お互いに軍艦を出して前線でにらみ合うだけ。仮に血気盛んな中国海軍の司令官が日本側に向けて1発撃ち、死者が出たとしても、そこから両軍入り乱れての撃ち合いにはならない。国際社会がすぐに止めに入りますし、両者とも経済的ダメージが大きすぎて、戦争するインセンティブがないことがお互いに「わかっている」から、それ以上は踏み込みません。

ただ、「憲法9条を固く守っていれば、そんな小競り合いすら起こらない」と言う人もいるでしょう。確かに東西冷戦時代はそうでした。米軍の補給地点である日本にとって、9条はいわば〝平和のブラフ〟として機能していました。しかし、現在の不安定な東アジアでは、9条は大した抑止力になりません。中国は冷戦終結以降の状況の変化に対応し、囲碁のように地政学を考え、合理的に勢力拡大を狙っています。日本に9条があろうがなかろうが、法改正しようがしまいが、右傾化しようがしまいが、そんな〝こっちの都合〟とは関係なく。

このように小規模な（しかし、ある意味で深刻な）いざこざが起きる可能性が高い状況では、現状維持にも大きなリスクが伴います。先ほどの尖閣の例のように、いざこざが起きたときに事態を収拾するのが21世紀型の軍です。いろいろなケースを想定し、きちんとしたルールに縛られた軍は、カオスを引き起こすのではなく、カオスを抑える役割を担う。平和憲法の下で今までやってきたのに、なぜ戦前に戻るんだ――本気でそう思っている人たちには、そこが見えていないのだと思います。

ただし、もちろんこの無理解の原因は日本政府にもあります。安保法制を成立させた安倍晋三首相は、当初から現在進行形で起きている「中国の脅威」をはっきりと国民に説明すべきでした。経済界への影響も考え、中国を刺激したくなかったのでしょうが、「平和のための安保法制」だというからには、そこから逃げるべきではなかった。不都合な真実にフタをした状態では、まともな議論は生まれようがありません。

SEALDsの失敗

長年、平穏に暮らしてきた日本人の〝政治スイッチ〟がオンになったのは、２０１１年の福島第一原発事故だったと僕は見ています。あのとき、それまで政治に興味がなかった多くの人たちが、大きな怒りに煽られ、社会運動に参加し、「反原発」を叫びました。しかし現在では、その勢いはすっかりしぼんでいます。

反原発と反安保法制というふたつの運動には致命的な欠陥がありました。それは「自分たちは善、権力は悪」という短絡したフレームワークにはまっていることです。

例えば、反安保法制運動では、学生が中心になって立ち上げた「ＳＥＡＬＤｓ《シールズ》」という政治アクションがありました（現在は解散）。「若い人が戦争法案に反対の声を上げた」という文脈で、かなり多くのメディアが好意的に取り上げましたが、率直に言ってしまうと、彼らの運動には決定的に知性が欠けていました。反原発運動が「原発の上に成り立ってきた日本の繁栄」という苦々しい現実から目を背けたのと同じように、彼らは目の前にある「軍事リスク」に言及しませんでした。

「戦後日本」というシステム自体は万能で、そのパラメーターに〝悪いヤツ〟が間違った数字を入れたせいでチューニングが狂ってしまったが、それを元に戻しさえすればよりよい社会がやって来る――。反対運動の言い分はそんなふうに聞こえました。実際にはどんなことにでも光と影があるはずなのですが、彼らは自分たちの側にある影の存在を否定（あるいは黙殺）し、敵方を巨悪に見立て、現実を見つめた上での対案を出すこともなく、「とにかく政府は間違いを正せ」と言う。声を上げている本人たちは自発的に行動しているつもりだったのでしょうが、そのスタンスは他人任せそのものです。

安保法制に関する議論の最も重要なポイントは、これまで日米同盟の下で見て見ぬふりをしてきた東アジア周辺の軍事リスクを直視した上で、どんなオプションを選択するのかという点です。SEALDsに限らず、多くの運動がそれを無視して理想を叫ぶことに終始していましたが、あれでは同志たちの結束を高めることにはなっても、それを超えた大きな広がりにはなりません。本気で議論したいなら、「アベは戦争がしたい」とか、「自民党を牛耳っているのは日本会議だ」とか、そういう〝遊び〟に逃げるべきではありませんでした。

今、多くの日本人が漠然とした不安を抱えているとすれば、それはおそらく「原発」や「安保法制」が理由ではありません。発展途上国やアメリカの格差社会に比べると、何かしら何まで至れり尽くせりだった日本社会が、いよいよ行き詰まってきた。そのえも言われぬ不安感を、「反原発」や「戦争反対」に転嫁させた人が多かったのではないでしょうか（こう言うと本人たちは怒るでしょうが）。

「このままでは日本は終わる」。ここ数年、何度も聞いたフレーズですが、安保法制が成立しても日本は終わらないし、赤紙も来ないし、あなたの日常も変わりません。かつての学生運動を懐かしんで声を上げる〝リバイバル世代〟ならまだしも、なぜ未来のある若い人たちまでもが、何十年も選挙に負け続けている万年野党のテンプレートに乗ってしまうのか。最初から負けに行っているようなものでしょう。

アメリカのリベラルは、どうしようもない過去の失敗を学んで大きく飛躍し、初の黒人大統領を誕生させるに至りました。一方、日本の左翼運動は今も連戦連敗。過去を学ぶことなく、多様な意見を受け入れることもせず、いたずらに群衆を煽るような運動に未来はありません。たとえその前面に立っているのが、何かを信じ切って美しい目をした青年たちであっても。

深刻なリーダーアレルギー

反安保法制運動の際にもうひとつ気になったのは、安倍政権を批判していた人たちの奥底に見える〝リーダーアレルギー〟です。確かに、この時代になっても自民党は所々で「相変わらず」な体質を露呈しているし、安倍首相にも若干、自身のイデオロギーに縛られているように見える部分はありました。ただ実際のところ、やれ極右だ、独裁者だと叩かれた安倍首相は、例えば強力な権限を持つアメリカの大統領と比べれば、むしろ周りの顔色をうかがいながら事を進める日本的なリーダーにすぎません。

そもそもアメリカの知識人の間には、選挙戦を勝ち抜いた大統領に対する畏敬の念があります。かつてオバマ大統領の演説中に「ウソつき！」とやじが飛んだときは、〝犯人〟の共和党議員がすぐに謝罪に追い込まれ、議会から譴責《けんせき》処分を受けましたし、在任当時「史上最もバカな大統領」とメディアに評されていたブッシュ・ジュニアに対してさえ、最低限の敬意は共有されていました（あのトランプに対してもそうです）。

一方、日本ではなぜか、リーダーや有能な専門家より「一般人」が強い。確かに市民の視点も時には大事ですが、いくらなんでも比重がおかしいのです。

テレビでは、まったく政治をわかっていないタレントや文化人がリーダーを感情的に叩くことが当然のように許される。どんなに破綻した論理でも、ネット上では同じく〝リーダーアレルギー〟を持つ人々がそれを称賛し、拡散する。あろうことか、知識人といわれる人たちの一部までもがそこに迎合する。これこそまさに「衆愚」です。

日本という国は、社会主義国ですらなし得なかった一億総中流というシステムを数十年にわたり維持してきました。そこにはものすごい努力があり、また多くの偶然も重なったのでしょう。その奇跡を引きずるあまり、「普通の人々はみんなこう思っている」という〝たったひとつの正解〟を見いだしたくなる気持ちもわかります。

しかし、今やそんなものは幻想にすぎません。グローバル経済に深く組み込まれ、多様性にあふれる一方で歴然とした格差が生まれた現代社会では、満場一致なんてあり得ません。「国民の声」や「市民感覚」や「主婦目線」などというのは、当事者意識が欠如した逃げのフレーズでしかないのです。ある意味で無敵な〝弱者の立場〟に自分を置いて、お上《かみ》を好き勝手に批判するのはさぞ気持ちいいでしょうが、はっきり言って時代遅れです。

大事なことは、利害が合わない人たちがお互いに最低限の敬意を払いつつ、落としどころを見つけるために話し合いをすること。もちろん建設的な批判はあってしかるべきですが、選挙で選ばれたリーダーを無責任に潰す社会であってはいけません。

2
カルチャーと政治

豊かな社会のシャンパン・ソーシャリスト

１９８９年、チェコスロバキアで「ビロード革命（Velvet Revolution）」を成し遂げた民主化運動の中心だったヴァーツラフ・ハヴェル（後の大統領）によると、革命にはある音楽が大きな影響を与えたそうです――１９６４年にアメリカで結成された「ヴェルヴェット・アンダーグラウンド（The Velvet Underground）」。なぜ、アメリカの前衛的ロックバンドが、遠い東欧の国の民主化と関係があるのでしょうか。

１９６０年代当時、チェコスロバキアでは共産体制からの解放運動「プラハの春」が盛り上がりを見せたものの、１９６８年に旧ソ連を中心とした軍事介入によってその動きが鎮圧されると、言論は統制され、以前にも増して自由を奪われることになりました。そんな折、30代前半の劇作家だったハヴェルは、自身の戯曲がニューヨークで上演されることになり渡米。母国で禁止されていたロックのレコードを買い漁《あさ》り、隠し持ったまま帰国します。こうして〝密輸〟されたレコードは瞬く間にコピーされ、首都プラハのミュージシャンたちに浸透していったのですが、なかでも彼らが心を揺さぶられ、こぞってカバーしたのがヴェルヴェット・アンダーグラウンドの楽曲でした。

米ニューヨークにおいてさえ〝前衛〟であった音楽・表現を、厳しい言論統制下の社会でプレイする。そこには計り知れない自由への希求、そして人々のパワーがあったことでしょう。多くのアーティストが逮捕されても、演奏活動は地下で繰り広げられたといいます。そして1977年、同国で人権擁護を掲げる反体制派運動「憲章77」が誕生。そのリーダーを務めたのがハヴェルでした。彼が持ち込んだ自由を希求するロックが、若者の行動を促し、12年後に民主化を実現したのです。

僕が現代日本のアーティストや文学者の「反体制発言」に軽さを感じるのは、こういうものと比較してしまうからかもしれません。

欧米には、自由で豊かな社会で好き勝手に暮らしながら、その社会の権力者や体制側をくさすセレブリティがたくさんいます。そんな人々を揶揄する「シャンパン・ソーシャリスト」という言葉がありますが、日本にもそういう著名人は少なくありません。本当に人々の自由が侵害されている海外の国々に目を向けることもなく、「体制を叩く」ことだけが目的化した人たち。「社会的弱者を救済しよう」と口では言いつつ、自らの行動や存在そのものが弱者を押さえ込んでいることには無頓着な人たち。

また著名人に限らず、ソーシャルメディアには好き勝手な正義を振りかざす〝ファッション反体制〟があふれています。彼らは「言いたいことが言えない世の中になった」「みんながギスギスしている」などと気安く言いますが、それは誰もが言いたい放題言えるようになった結果、誰もが批判を食らうようになったという社会の変化でしかありません。政府が規制しているわけでも、圧力を加えているわけでもない。「みんなの自由」が逆流しているだけなのです。

もちろん、日本人は反権力をやめろと言いたいわけではありません。僕個人としても、過去の歴史を鑑《かんが》みて、いかに言論の自由がもろいものかを痛感しています。だからこそ自分の言説がなるべく広く、かつ深く届くように、まずは魅力的な発言をしようと心がけている次第です。

宮崎駿を問い詰める覚悟はあるか

2015年5月、映画監督の宮崎駿《はやお》氏が、沖縄の米軍辺野古《へのこ》新基地建設に反対する「辺野古基金」の共同代表に就任しました。宮崎監督はかつて、オスプレイ配備や新基地への反対運動に、直筆でこんなメッセージを寄せています。
「沖縄の非武装地域化こそ、東アジアの平和のために必要です」
素晴らしい。理想的です。しかし、そう言っている間にも、中国人民解放軍の軍艦や軍用機が大隅《おおすみ》海峡や宮古《みやこ》海峡をバンバン通過しています。南シナ海ではサンゴ礁を埋め立てて〝人工島〟を建設するなど、強引極まりない手段で勢力を拡大しています。それでも、沖縄が銃を捨てれば「われわれも銃を捨てよう」と言ってくれるのでしょうか？

米軍基地問題のみならず、原発にしても、安保法制にしても、多くの文化人や著名人がリベラルな主張を声高に叫びました。もちろん主張するという行為自体は尊重されるべきですが、問題はそのスタンスです。本当に決着をつける気があるのか。単なるポエムではなく、厳しい議論に耐え得るだけの材料を持っているのか。

なぜか日本では、大手メディアが彼らの主張の整合性について検証しようとしません。あの宮崎が、世界の坂本龍一が、ノーベル文学賞の大江健三郎がこう言っている。……以上。有名であればあるほど、感性でモノを言うことが許されている。発言者の知名度と、発言内容の実行可能性が反比例しているのです。

欧米でも著名人が政治的な発言をすることは多々ありますが、それが本気であるなら言いっ放しは決して許されません。ハリウッド俳優でも、ミュージシャンでも、大手メディアや専門家からすぐに容赦ないツッコミが入る。それに対して、本人がすぐに反論し、周辺を巻き込んで論戦に持ち込めなければ、もうまともには取り合ってもらえません。それくらいの覚悟と理論武装が必要なのです。

一例を挙げれば、「Ｂａｎｄ《バンド》 Ａｉｄ《エイド》」「ＬＩＶＥ《ライブ》 ＡＩＤ《エイド》」などの大型チャリティコンサートの発起人を務め、巨額の寄付を実現しているアイルランド出身のボブ・ゲルドフというミュージシャンがいます。イギリス王室からナイトの爵位を授与され、２００６年にはノーベル平和賞候補にもノミネートされたほどの大物ですが、それでも彼の活動についてはしばしば専門家やメディアから批判や検証がなされ、そのたびに矢面に立たされています。

自身の考える〝正義〟を意地でも貫き、セレブリティたちを巻き込んで寄付を募り続けるボブ・ゲルドフ。一方、義援金を放り込めば問題が解決すると考えるのはミスリードだと批判する人たち。両者のせめぎ合いは非常に激しいものがあります。ほかに、例えばＵ２のボノも多くのチャリティを実現していますが、やはり常に賛否両論がついて回り、しばしば論戦が巻き起こっています。

しかし日本の場合、〝世界の宮崎〟というブランドが自身の夢をふんわりと語り、そこに大々的なツッコミが入ることはなく、もともとそういう思想を持つ人々だけがただただ感動し続ける……そんな構図があります。これでは大きな議論は巻き起こらず、現実を動かすことなどできません。

厳しい言い方になりますが、本当の問題は夢を語る人々自身よりも、彼らをガチンコで問い詰められないリベラル陣営の若い世代にあるともいえます。もし、現実路線のリベラルが上の世代の〝ドリーマー〟たちをリタイアさせられれば、保守派との議論はもっと活性化されていくはず。ポエムに酔いたいのか、それとも本当に現実を変えたいのか――この問いにどう答えますか？

今さらロックで反体制？

安保法制の国会論議が続いていた2015年夏のフジロック・フェスティバルは、思わぬことで話題になりました。SEALDsの中心メンバーだった奥田愛基《あき》さんらがステージでトークショーを行なうことに対し、一部から「ロックに政治を持ち込むな」という批判が出たのです。

昔話になりますが、僕は若かりし頃、ウィリアム・バロウズという小説家に入れ上げていました。ハーバード大学の図書館には、彼の一般的な出版物のみならず未公開の著作や朗読音源も所蔵されており、それらを貪《むさぼ》るように掘り起こしました。バロウズ本人に手紙を送り、直筆の返事をもらったこともありますし、大学の卒業制作は彼の「カットアップ」と呼ばれる手法を用いてつくった前衛的な映像作品でした。

バロウズは生涯を通じて〝反体制〟であり続けました。猥褻《わいせつ》でグロテスクな作風、ドラッグまみれの退廃した私生活。さらに、当時は違法だった同性愛を公言。そのすべてがロック的であり、１９５０年代から90年代に至るまで、多くのミュージシャンから信奉されました。ミック・ジャガー、デヴィッド・ボウイ、ルー・リード、そしてカート・コバーン……。また、パンクの黎明期にも、多くのミュージシャンが〝バロウズ詣《もう》で〟をしていたのは有名な話です。

しかし、僕もかつてバロウズの熱に浮かされた人間ですが、今ならはっきりとわかります。彼は体制や商業主義を真っ向から否定しながら、気づいたときには「反体制・反商業主義というビジネス」のど真ん中にいたのです。

率直に言ってしまえば、彼の小説は処女作から進歩せず、キャリアを通じて最初のテンプレートを使い回し続けただけでした。しかし、それを各時代の若者が「これこそが本物の反体制だ」と偶像化するに従い、いつしか「神輿《みこし》に乗るだけでみんながありがたがる存在」になっていったのです。一方、神輿を担ぐ側も、「バロウズと一緒にいることこそがアートだ」「自分たちは商業主義に汚れていない」というステータスを獲得できた。つまり、お互いに利用し合っていたわけです。

その構造が見えた瞬間、僕のバロウズ熱は急激に冷めました。同時に、「ロックで社会を変えていこう」というメッセージにも、まるでピンとこなくなってしまったのです。

フジロックに話を戻せば、そもそも音楽フェスが政治性を帯びるのは珍しいことではありません。40万人以上の若者がドラッグ、セックス、ロックンロールに酔った伝説的な1969年のウッドストック・フェスティバルも、ベトナム戦争反対という明らかな政治的主張がありました。

しかし、いまだかつて成熟した民主主義国家において「音楽の力」が政治を動かしたことはありません。すさまじいエネルギーに満ち溢れていたウッドストックでさえ、現実の政治に対してはほとんどなんの影響力も及ぼすことができなかった。当時のニクソン政権が倒れた理由は音楽の力ではなく、ウォーターゲート事件で自爆しただけです。

しかも過去20年間、ロックというジャンルは音楽面で革命を起こすことができず、もはや「古典」になりつつあります。今のフジロックには、いくら観客が盛り上がっていたとしても、当時のウッドストックのような異様なエネルギーはないでしょう。フェスで政治的な主張を行なうこと自体は、もちろんいくらでも自由にやればいい。しかし、この件に関する本質的な問いかけは、「今さらロックで反体制ってどうなの?」ということではないでしょうか。

ル・コルビュジエはファシストだった

日本でも当時はかなり話題になったのでご存じの方も多いでしょうが、東京・上野公園の国立西洋美術館を含む、フランスの建築家ル・コルビュジエが手掛けた7ヵ国・17作品が、2016年に世界文化遺産に登録されました。コルビュジエは「住宅は住むための機械」という思想のもと、鉄筋コンクリートを使った建築作品を数多く発表しており、近代建築の礎を築いた20世紀の偉人として、その評価は揺るぎないものになっています。

一方、世界文化遺産登録に際して欧米の一部メディアが注目したのは、「ル・コルビュジエはファシストだった」という〝不都合な真実〟です。第2次世界大戦中のドイツ占領下のフランスにおいて、コルビュジエは対独融和を推し進めたフィリップ・ペタン元帥率いるヴィシー政権に非常に協力的だったのです。ペタン元帥とは、フランスではナチスへの協力者（＝裏切り者）としてたびたび批判される人物です。

そもそも、コルビュジエの美しい世界観を実現するためには、個人の価値観などというものはジャマでしかありませんでした。例えば、1925年に彼が提案した都市計画は、パリの歴史的な街並みをことごとく破壊し、まったく新しいものにするというもの。これは実現に至りませんでしたが、彼のビジョンは巨大で独裁的な力を借りることで、はじめて成り立つものだったのです。

　言い換えれば、コルビュジエは自分の〝仕事〟を完成させるためなら、たとえナチスの側につくのもいとわなかったということになります。事実、ある専門家によれば、彼は約20年間にわたってファシズムにどっぷり浸かり、権力者に住宅建設や都市開発の助言をするなどしながら活動していたといいます。

　しかし、彼を崇拝する人たちはそうした報道を「単なるセンセーショナリズムだ」と切り捨てます。2015年にパリのポンピドゥー・センターで開催されたコルビュジエの特設展でも、そういった事実には一切触れられていなかったようです。おそらく〝信者〟たちは、彼の政治的思想や自国に対する裏切り行為が、建築家としての業績に傷をつけてしまうものだと思っているのでしょう。

　ただ、ちょっと立ち止まって考えてみてほしいのです。偉大なアーティストや表現者、もっと言えば多くの〝感性の人〟というのは、元来そういうものなのではないでしょうか？　例えばオーストリアの指揮者カラヤン、ロシアの作曲家ストラヴィンスキーや画家カンディンスキーなど、その類いの偉人が実はファシストだったという話は枚挙にいとまがありません。

　感性の人は、どこかしら危ういところがある。そして、そういう人が今ある退屈なものではなく、「こうだったら面白いのに」という狂気、非日常を紡ぎ出すことにこそ、人は感動するのです。その狂気を、「常識」というフィルターを通していくら眺めてみても、あまり意味はありません。

問題は、そういう人の信者やキュレーターが、「偉大な芸術家は人間的にも思想的にも素晴らしいものだ」という錯覚にとらわれていることでしょう。作品は素晴らしい、でも彼はファシストだ——このカオスともいえる複雑さを、そのまま受け入れればいいだけなのですが。日本にも「ミュージシャンや演劇人は当然、反体制であるべきだ」という感覚の人が少なくないようですが、〝感性の人〟にいったい何を期待しているんでしょうか？

3 東アジアの地政学

最後のモンスター・中国とどう向き合うか

２０１６年７月、日本のある女優が「過去にＳＮＳ上で中国を侮辱していた」として、中国の動画サイト上で謝罪コメントをアップしたことが話題となりました。報道などを見る限り、彼女がやったのは「知人が投稿した『天安門に中指を立てた写真』に対し、よく見ないまま『いいね！』を押した」というだけのこと。常識的に考えれば「侮辱」とまではとてもいえず、まるでさらし者のように謝る必要があったとは思えません。

ただ近年、こういった話は決して珍しくありません。２０１６年１月には台湾出身のアイドルが、韓国のテレビ番組で台湾国旗を振った（中国からすれば台湾国旗は台湾独立を連想させるものです）として謝罪動画を公開。また、少し古い話ですが２００８年には、四川大地震に関してハリウッド女優のシャロン・ストーンが「チベット弾圧に対するカルマだ」と発言したとして大炎上。彼女を広告に使っていたブランドの不買運動が起こり、中国国内での広告から外される結果となりました。

いずれも不用意といえば不用意な言動だったとも言えますが、炎上に至る構造は同じです。ある言動が魔女狩りのように部分的に切り取られ、言いがかりのような怒りを浴びせられ、そして過剰な対応を余儀なくされる――。外国の有名な女性タレントが、カメラの前で「俺たち」に謝っているというショーは、まるでポルノのように留飲を下げてくれるのかもしれません。

なぜ、こんなバカげた問題が続出するのかといえば、中国という巨大市場を世界の誰もが無視できなくなったからです。モンスター化した客に媚《こ》びてでも、市場を失いたくないからです。おそらく、これからもますますこうした〝ビジネス媚中〟は横行するでしょう。日本では今後、アイドルはあらかじめ「中国の歴史観」や「中国の人たちが怒る〝地雷〟」

といった基礎知識を養成時代に叩き込まれ、〝お客さまサービス〟を事前に体得することになるのかもしれません。

ただ、これを「中国の民度が低いから」などと、上から目線で片づけるのも理屈に合いません。ここまで中国をモンスター化させたのは、何十年間も中国の安い労働力をコンビニエンスに利用してきた西側資本主義陣営だからです。

戦後の資本主義陣営は、自国の経済や外交状況を前に進めるために、絶えず〝都合のいい独裁者〟を外縁に求め続けてきたという側面があります。チリのピノチェト、インドネシアのスハルト、チュニジアのベン・アリ……彼らは皆、〝大国の下請け〟をすることで強固な権力を維持してきました。

日本という国も、多くの独裁国の人権蹂躙を横目に見ながら、潤沢なODAを投下してきた歴史があります。「内政干渉はしない」といえば聞こえはいいですが、要は見て見ぬふりで独裁政権側につき、経済活動をしてきたということ。残念ながら、これが「憲法9条の国」のもうひとつの顔です。そして、このように多くの不正義に目をつぶって、自国の繁栄を追い求め続けた資本主義陣営が生んだ最大にして最後のモンスターが、「社会主義市場経済」という歪《ゆが》んだ制度を維持する今の中国なのです。

僕は資本主義を全面的に批判するつもりはありません。ラディカルな方法で資本主義の歯車を止めても、この世界は破滅を迎えるだけです。今後はこのモンスターとどう対峙していくか、どのように〝線引き〟をすれば破綻せずに少しずつ改善を期待できるのか、ジリジリとした長い戦いを覚悟してやっていくしかありません。因果応報のカルマをただ嘆いても仕方ないのですから。

みんな北朝鮮を甘く見ていた

物事には多くの側面がありますが、人間はつい「見たいもの」だけを見て、「見たくないもの」からは目をそらしてしまう。これは何も個人レベルに限った話ではなく、国際政治にも当てはまります。その典型が、国際社会の声を無視して核・ミサイル開発を進める北朝鮮問題でしょう。

例えばアメリカでは1994年、当時の民主党ビル・クリントン政権が北朝鮮の核開発を察知し、空爆を仕掛けようと先制攻撃を計画しました。これを実行寸前で止めたとされているのが、〝平和活動家〟のジミー・カーター元大統領です。カーターはこのとき、自ら訪朝して当時の指導者・金日成《キムイルソン》と会談し、核開発凍結の見返りとして原発（という名の軽水炉）の建設を援助するという取引を行ないました。

その結果、何が起きたでしょうか？　この援助によってつくられた北朝鮮の軽水炉の技術は、あろうことか今の核保有へと〝着地〟してしまったのです。

北朝鮮はもともと第2次世界大戦後に旧ソ連が「衛星」としてつくった擬似国家で、まともな産業もなく、沿ドニエストルや南オセチアと同じように援助を前提として成り立つ存在でした。こうした「核さえなければ無視される」という国に対して、「対話を通じて普遍的な価値観を共有できる」という理想、悪くいえば妄想を抱いたことが、現在の悲劇と脅威を生んだといえます。

しかし、日本は今もなおこうした反省を生かすことなく、リアリズムから逃げ続けています。近い将来、3代目・金正恩《キムジョンウン》政権が崩壊し、北朝鮮国民の多くが難民化する——これは十分にあり得る想定ですが、それを真剣に考えることから逃避しています。

現実的にシミュレートしてみましょう。北朝鮮が崩壊した場合、中国は即座に中朝国境を封鎖します。おびただしい数の難民は韓国へ向かうけれど、すべてを受け入れられるはずもありません。数十万、あるいは100万という人々が、密航業者が用意した大型船で日本海沿岸まで近づき、最後はゴムボートで上陸してくる。日本の海上保安庁や海上自衛隊が、彼らを非人道的に追い返すことなどできるはずもありません。日本海側のある地域には難民キャンプのような施設が用意され、地方自治体の職員、警察、消防がマニュアルもないまま対応に追われます。一方、その頃多くの国民は突然目の前に現れたクライシスに混乱し、「治安が悪化する」「仕事が奪われる」といったヘイト丸出しの主張を叫ぶ……。

もはや「見たいもの」だけを悠長に見ている暇はありません。差し迫った危機に対し、今すぐにでも議論すべきことは山ほどあるのです。

北朝鮮で危険な〝火遊び〟をする欧米ツアー

２０１６年1月、北朝鮮での観光旅行中に政治スローガンの書かれた看板を盗んだという容疑で北朝鮮当局に逮捕されたアメリカ人大学生オットー・ワームビア氏は、１年５ヵ月もの間拘束され続けました。そして、翌２０１７年６月に昏睡状態で解放され帰国し、残念ながらそのわずか６日後に亡くなってしまいました。

北朝鮮側は彼がボツリヌス菌に感染し、その影響で意識不明状態になったと説明していますが、帰国後に彼を診たアメリカの医師団は「菌の痕跡はなかった」と真っ向から反論しました。目立つ外傷などはなかったというものの、脳細胞が広範囲にわたり壊死していたことから、〝拷問死《ごうもん》〟の可能性も考えられるといいます。

今後、ワームビア氏の死因が明らかになるかどうかはわかりませんが、彼が米朝対立の中で「政治利用」されたことは間違いありません。北朝鮮にとって、無防備な旅行者を拘束することなど朝飯前ですから、いつ、誰が狙われてもおかしくなかったのです。

米メディアの報道によれば、彼が参加した北朝鮮ツアーの主催者は、２００８年にイギリス人が中国・西安で立ち上げたヤング・パイオニア・ツアーズという旅行社です。北朝

鮮以外にも、ウクライナのチェルノブイリ原発事故の災害現場や独裁国家のエリトリア、

国家崩壊危機にあるイエメン、イラクのクルド人自治区などへのツアーを実施し、「お母さんが心配するような冒険を約束します」というのが宣伝文句でした。

同社が企画した過去の北朝鮮ツアーでは、スタッフも参加者も現地で相当ハメを外しており、酒を飲みまくって乱痴気騒《らんちき》ぎをするのは当たり前だったようです。なんと、北朝鮮人民にとって最も神聖な場所ともいえる「錦繍山太陽宮殿《クムスサン》」（金日成・金正日《ジョンイル》親子の遺体が安置されている場所）でツアー参加者が逆立ちをしている写真がネット上にアップされたこともありました。過去の参加者は「まるで動物園に行って、オリ越しに猛獣をからかって遊んでいるような感じだった」と、ツアーの雰囲気を振り返って証言しています。

ワームビア氏が北朝鮮で何をしていたのかはわかりませんし、それ以前の大前提として、北朝鮮側の人権無視は許されるものではありません。ただ、少なくとも彼の参加したツアー主催者が、危険な〝火遊び〟を奨励するような形で客を集めていたのは紛れもない事実です。ちなみに、同社で北朝鮮ツアーを主に仕切っていた人物は、現在ではフィリピンに拠点を移し、東南アジア各地で〝買春ツアー〟を堂々と主催しているようです。

旅先の人や文化を見下し、好き放題に振る舞う——こうした傾向は、欧米の白人ツアー客にしばしば見られるものです（今に限ったことではなく、昔から）。そうした横暴を、かつて多くの国の人々は商売のために我慢してきたわけですが、それが今、各地で台頭す

る愛国ポピュリズムや外国人排斥という形で〝逆流〟してきているのかもしれません。こうなると、「調子に乗った観光外国人」は飛んで火に入る夏の虫なのです（もちろん善良な個人が狙われる可能性もありますが）。

若者が冒険をするのは素晴らしい。ただ、特に北朝鮮のような国ではあらゆるリスクに対し、予備知識を得た上で謙虚に振る舞うこと。それを肝に銘じておくべきでしょう。

アメリカの最終手段は「日本の核武装」？

〝Tear down this wall!（この壁を壊せ！）〟

１９８７年6月12日、西ベルリンのブランデンブルク門で、アメリカのレーガン大統領は旧ソ連のゴルバチョフ書記長に向けてこうメッセージを発しました。この2年後、実際にベルリンの壁は崩れ去り、さらにその2年後にはソ連も崩壊。東西冷戦は民主主義陣営の勝利に終わりました。

しかし、その30年後に米大統領に就任したトランプに、そのような実行力のあるメッセージを期待することは難しいようです。当初は北朝鮮に対して「武力行使を含むあらゆる選択肢」の行使を示唆したものの、その強硬姿勢も気づけばトーンダウン。現在の極東アジアの〝ゲーム〟は北朝鮮主導で進んでおり、金正恩政権は完全なる核保有国となるべくラストスパートをかけています。核武装さえできれば、アメリカだろうが中国だろうが、あらゆる圧力に屈する必要がなくなるからです。

そんななか、2017年7月6日にアメリカの著名コラムニスト、チャールズ・クラウトハマーがワシントン・ポスト紙に「北朝鮮、ルビコン川を渡る」という題名のコラムを寄稿しました。以下はその抜粋です。

〈もしここで戦略的なバランスを劇的に変更したければ、韓国から1991年に撤退した（米軍の）戦略核兵器を再び持ち込むこともできる。また、もうひとつのオプションとして、日本に独自の核抑止をつくらせることも可能だ〉

おそらくこれを読んだら、「核兵器は絶対悪だ」と子供の頃から習ってきた多くの日本人は拒絶反応を起こすでしょう。しかも、ここで論じられているのはいわゆる「核共有」ではない。日本の独力による核武装という〝禁断のシナリオ〟が、すでにアメリカでは現実的なオプションのひとつとして論じられ始めているのです。

なぜ、こんな話題が俎上《そじょう》に載るようになったのかといえば、アメリカが北朝鮮に対して打てる手がほぼなくなってきたからです。

北朝鮮が2017年7月28日に発射実験を行なったICBM（大陸間弾道ミサイル）の推定射程は、およそ1万㎞。米西海岸にまで届く数字です。まだ核弾頭の搭載能力、弾頭の大気圏再突入技術など残された技術的課題はあるにせよ、アメリカは早晩、自国民が北朝鮮の核ミサイルの〝人質〟となってしまう状況に追い込まれたということです。

これで、米軍を頂点にした日米韓の軍事同盟は大きな岐路に立たされました。そのキーワードは、欧米メディアに最近たびたび登場する〝Decoupling（デカップリング＝離間）〟という概念です。

アメリカは当然、同盟国を守るよりも自国民の被害回避を最優先に考える方向へシフトするはずです。例えば、北朝鮮が韓国や日本に軍事攻撃を行なった場合、これまでならば米軍が瞬時に迎撃あるいは反撃したでしょう。しかし、今後は米本土への核攻撃を恐れる米大統領が、一瞬の判断に逡巡《しゅんじゅん》するかもしれない。たとえその一瞬の遅れにより、同盟国が火の海となるリスクが生まれたとしても。

こうなると、同盟国の間には疑心暗鬼が生まれます。日本や韓国からすれば、本当にアメリカは守ってくれるのか。逆にアメリカからすれば、日本や韓国を守ることで自国が攻撃されるのではないか……。これが、軍事同盟に亀裂が生まれるデカップリングという現象です。

これは机上の空論ではありません。敵側の新たな核兵器の登場が同盟のデカップリングを誘発し、各国が独自の核保有を模索するという動きは過去にも例があります。

第2次世界大戦後の東西冷戦初期、欧州のNATO（北大西洋条約機構）加盟各国はアメリカの核の傘の下にいました。しかし、旧ソ連（現ロシア）の核ミサイル技術が発達し、核弾頭を搭載したＩＣＢＭが米本土を射程にとらえるようになると、ある疑念が生じます。もしソ連から軍事攻撃を受けた場合、果たしてアメリカは集団的自衛権をすぐに行使してくれるだろうか――？

こうして１９５０年代から60年代にかけ、イギリスとフランスはソ連への抑止力を高めようと、相次いで核保有国となったのです。

「集団的自衛権の行使は合憲か違憲か」といった内向きの議論ばかりの日本には刺激的すぎる話かもしれませんが、少なくとも外から見れば、今の日本は当時の英仏と似たような状況に置かれている。だからこそ、このようなシナリオが米メディアのど真ん中で提示されたわけです。

先ほど引用したクラウトハマーのコラムは、さらにこう続きます。

〈日本の核武装（に関する議論や政治動向）こそ、何よりも中国政府の注意を引くだろう。中国はかつてないジレンマに直面することになる。中国にとって北朝鮮（の金政権）を存続させることは、核武装した日本（を誕生させてしまうこと）ほどに大事なのか、というジレンマに〉

北朝鮮問題に関し、アメリカのトランプ政権は「中国からの圧力が必要だ」と主張していますが、当の中国は北朝鮮に本気で圧力をかけるどころか、軍事転用可能な物資を輸出するなど、むしろ核開発を裏からバックアップし続けています。このように北朝鮮・中国主導で進むゲームを一変させるためには、もう日本の核武装くらいしか手が残されていない。それがクラウトハマーの主張の本筋です。

北朝鮮や中国は、アメリカの動向に関してはあらゆるシナリオを想定し、対応計画を立てていると思われますが、おそらく日本の核武装については「ありえない」という認識でしょう（皮肉にもほとんどの日本国民と同じように）。日本近海にミサイルを何発撃ち込んでも、尖閣諸島にちょっかいを出しても、あるいは領海や領空をすれすれで侵犯しても、実質的な反撃はできずに「遺憾の意」を表明するだけ――そう高をくくっている。それだけに、核武装に関する現実的な議論が日本国内で持ち上がれば、それだけで大きな脅威となり、戦略の再考を迫られるはずです。

僕は何も「日本は今すぐ核武装すべきだ」と言いたいわけではありません。しかし、アメリカでこんな議論が提起されているというのに、当の日本では相変わらず政治家も大手メディアも議論を避けるばかりという現状は、さすがに奇妙だと感じます。

もうひとつ忘れてはならないのは、トランプ政権の極めて特徴的な外交姿勢です。これまでの米政権は、少なくとも表向きは自由や民主主義や人権といった理念・大義を掲げてきました。ところがトランプ大統領にとっては、あらゆる外交交渉はまるでビジネスのような〝Transaction（取引）〟なのです。

これはある意味、ロシアや中国の外交に通じる考え方ですが、アメリカまでもが露骨に自国の利害を優先する取引外交に突入し、多極化した現代の国際社会において、日本国憲法がうたう「恒久平和」は存在し得ません。平和とはその都度、取引や駆け引きの結果としてつかみ取るものになってしまったのです。

では、そんな状況下で、直接的な防衛力の強化以外に日本にできることは何か。それは、積極的に北朝鮮や中国のレジーム・チェンジ、つまり民主化を促すことではないかと僕は考えます。とても難しいことですが、やらないよりはマシで、しかもほかにやれることはほとんどありません。北朝鮮と中国が現体制のままでいる限り、対話は本質的に意味を持ちませんから。例えば、北朝鮮人民が蜂起するためのプロパガンダ作戦を仕掛ける。外交官の脱北の手助けをする。アメリカと結託して脱北グループに資金を提供する……。相手の内部崩壊につながるようなアクションをひたすら起こすのです。

こういうとき、低レベルな反中や嫌韓、嫌北をうたう右派は率直に言ってジャマでしかありません。かといって、戦後左翼のように中国や北朝鮮の現状をただ追認するという姿勢も明らかに的外れです。本当のリベラリズムとは、詭弁を重ねて憲法9条を死守することではなく、他国を無批判に認めることでもなく、あらゆる国の人権問題や民主化に積極的に関与していくことのはずです。

ただ、こうして日本が（憲法改正や核保有に関する議論であれ、そうした軍事オプションとは別の形であれ）攻めに転じたら、北朝鮮はおそらくどこかのタイミングで拉致被害者・行方不明者の捜索打ち切りといった〝人質カード〟を切ってくるでしょう。ここで思い切って突っ込んだことを言いますが、その際に日本政府が弱腰にならず、「そんな国家とは交渉しない」「その話とは別問題だ」と突っぱねることができるかどうか。その覚悟を持てないなら、日本はこのまま北朝鮮が増長していくのを指をくわえて見ているしかありません。

戦争が起きないことを平和と呼ぶのは昔も今も同じですが、それを望むなら、アメリカの核の傘の下で折り鶴を折り、「憲法9条を守れ」と唱えていればいい時代ではありません。リスクは向こうからやって来る――だからこそ、その可能性を減らすことで平和を勝ち取るという思考回路が必要です。この現実を見据え、日本人が自国防衛に関するあらゆるシナリオをタブーなしで議論し始めたとき、膠着《こうちゃく》した極東アジアのゲームは初めて動きだすのかもしれません。

4 戦争と国際社会のリアル

テロは「絶対に起きる」

２０１４年に中東のシリアでふたりの日本人がＩＳ（イスラム国）に拘束された人質事件は、翌２０１５年1月にふたりとも殺害され、その映像まで公開されるという最悪の結末となってしまいました。しかし、あえて誤解を恐れずに言えば、事件の発覚当初からずっと、日本社会全体が「あまりにも騒ぎすぎ」だったと感じます。

テロの目的は、敵と見なす人々に恐怖感を与え、混乱させることです。そして、そのことによって自分たちの存在を世界中に知らしめ、スポンサーにアピールしたり、新たな仲間をリクルートすることです。つまり〝リアクション〟が大きければ大きいほど、テロリストの目的は高いレベルで達成されるわけです。

少なくとも対外的には、日本政府は比較的冷静に対処したように思います。問題は、デリケートな時期に事件を政権叩きに利用した野党議員と、パニックのように騒ぎ続けたメディアにあります。日本語なんて日本人にしかわからない、というのはあまりにも時代錯誤であり、あらゆる発信が翻訳され、海外で見られる可能性を考えなければいけない時代だということを、どれだけの人が理解していたでしょうか。

今後も、こんなに〝おいしい〟日本というターゲットをテロリストたちがずっと放っておいてくれるかどうか。国際世論の注目を集めるための道具として、再び日本人が狙われるという可能性は常に想定しておく必要があります。

2001年の9・11同時多発テロの後、アメリカ社会が本当の意味で冷静さを取り戻すまでには長い時間を要しました。多くの戦争を経験し、日本人よりもはるかに「暴力」への耐性があり、多様な人種や文化同士の対話もあるアメリカでさえ、です。「戦争や暴力はあってはならない」という〝美しい大原則〟にしがみつく日本で、もし大規模なテロが起きたら――間違いなく社会は激しく動揺し、人々は一気に極端から極端へと振れ、その後遺症は何年も続くことになります。

まずは「二度とテロを許すな」という世論に後押しされた政府や治安当局が〝予防策〟を講じるでしょう。「イスラム圏出身者を厳重に監視する」とか、「疑わしきは裁判所命令なしで通信を傍受する」といった具合に。現に9・11以後、アメリカは「パトリオットアクト（愛国者法）」でムスリムを徹底的に監視しました。後の検証によれば、この方策は人道的な意味で問題があった上、治安対策としてもまったく意味がなかったのですが、当時は多くの人々が賛同したのです。

では、日本人はどんな心構えを持っておくべきでしょうか。まずは、「世界の情勢上、一定の頻度でテロが起きてしまうのは仕方ない」という冷徹な現実を受け止めることです。原発事故後の放射能パニックと同じで、「0ベクレル」を追い求めてもまったく意味がありません。治安対策も、外交政策も、現実の諸々の条件と折り合いをつけながら、いかにテロ発生の可能性をミニマムにしていくかを考えるしかないのです。

その見方は釣り合っているか?

英語に〝False Equivalence〟という言い回しがあります。日本語に訳せば「誤った等価関係」という感じでしょうか。要するに、まったく釣り合わないものを並列に論じることで「中立な両論併記」を装うような、一種の詭弁のことですが、日本では、特に安全保障や軍事の分野でこの〝False Equivalence〟を平気で口にするような政治家や専門家が少なくありません。

例えば2017年4月、シリアのアサド政権が化学兵器を使用したという理由で、アメリカのトランプ政権が同国の空軍基地をミサイル攻撃したケース。アサド政権側は「不当な侵略だ」とアメリカを批難し、同政権を擁護するロシア政府も「国際法違反だ」と反発しましたが、これは「まあ、彼らの立場ならそう言うしかないよな」という類いのポジショントークともいうべきコメントでした。

ところが、驚いたことに日本の著名な論客や、あろうことか一部の〝中東専門家〟を名乗る人物までもが、アサドやロシアの言い分をほぼ丸ごとトレースしていました。具体的にいえば、アサド政権による民間人の大量虐殺行為についてはまったく触れることなく「アメリカの暴走」ばかりを強調したり、大量破壊兵器の有無が問題となった2003年のイラク戦争開戦と重ねて論じていたのです。欧米メディアでは、シリアやロシアの当局や政府系メディアの発表がいかに〝政治的〟か、という警告がなされているというのに、そのプロパガンダを丸のみするような姿勢はあまりにもナイーブかつ的外れです。

「アメリカにだってクラスター爆弾などの使用疑惑がある。アサド政権ばかりを一方的に攻めるのは欺瞞だ」

「そもそも今日の中東の混乱は、欧米による植民地支配から始まったものだ」

このような〝どっちもどっち論〟も散見されましたが、これは一見フェアなようでいて、実際は最も悪辣《あくらつ》な人間を擁護しているのと同じです。いくらトランプやアメリカが嫌いでも、さすがに無差別殺戮をしているアサドと同レベルで語ってはいけない。その意見を無検証・無批判で垂れ流したメディアも同罪です。

緊張感が高まっている北朝鮮情勢に関しても、状況はあまり変わりません。

「北朝鮮もよくないが、戦争はやってはいけない」

「外交努力で解決を模索すべきだ」

まさに、ジョン・レノンとオノ・ヨーコがベッドで抱き合うラブ&ピースな世界観。美しい。でも、それができるなら誰だってそうします。現実に存在する深刻な問題を無視した論説は、もはや報道やジャーナリズムの範疇にはありません。

耐え難い緊張とリアリズムに直面したとき、空想や理想に浸りたくなるという心理は誰にでもあります。ただ、専門家やメディアで働くプロは、努めて客観的に事実と対峙する必要がある。この状況下でも、大手メディアの報道が〝有事モード〟に変換されず、シリアスな議論を深掘りできないのは嘆かわしいことです。

もしかすると、今後は北朝鮮情勢に関して、

「日本がミサイルの標的になるのは米軍基地があるからだ。悪いのは米軍基地だ」

「そもそも朝鮮半島が分断された元凶は、かつての大日本帝国にある。悪いのは日本だ」

などと言いだす人も出てくるかもしれません。

世界を知るには「戦場セルフィー」

世界中でセルフィー（自撮り）が大流行していますが、最近では紛争地からも多くのセルフィー動画がＹｏｕＴｕｂｅなどの共有サイトにアップされています。検索で比較的よ

くヒットするのは、ウクライナの武装集団「右派セクター」によるものや、中東地域のイスラム武装組織が宣伝・プロパガンダ目的で現地での「充実した日々」や「謙虚な生活」を配信しているものなどがあります。

動画のスタイルもさまざまです。ＩＳのように本格的な編集を行なうものもあれば、ナレーションも音楽も一切なく、ただ戦闘員がウェアラブルカメラを装着し、撮影した戦地の映像を無編集でそのままアップしているものも存在します。

特に〝垂れ流し系〟の動画は、物語仕立てになっていないだけに、かえって妙な臨場感が漂います。１時間以上も田舎道を装甲車とともに歩くシーンが延々と続いたかと思えば、突然カメラを装着した本人が撃たれ、バタッと映像が横倒しになる――つまり、見ているこちらが思いがけず「死の瞬間」に立ち会ってしまうこともあります。

不思議なことに、商業的にパッケージングされていない動画に慣れてくると、従来の戦場写真や戦争ドキュメンタリー作品、ニュース映像はすべてが「アート」だったのではないか、とさえ思えてきます。どんな写真や映像も、取材者の思考がにじみ出たり、特定の陣営を美化するなど、何かしらの「味つけ」があるものですが、セルフィーはあまりにも雑で荒々しく、だからこそ戦場のリアリティがダイレクトに伝わってくるのです（ゆえに受け手の知性、リテラシーも問われるのですが）。

インターネットは万人に情報発信の機会を与えました。そこから生まれた〝戦場セルフィー〟を次々に見ると、それぞれの陣営に「視点」があり、善悪など軽々しく判断できないということが肌感覚で理解できます。無実の人を処刑する戦闘員でさえも、その行動はチェーン・オブ・コマンド（命令の連鎖）のなかでやっているだけで、「正義と悪魔の物語」はそこにはない。いかにわれわれが戦争というものを〝物語化された作品〟としてしか記憶・理解していないのかを思い知らされます。もちろん、未知の世界を物語を通じて知ることは悪いことではありませんが、われわれはあまりにもそれに依存しすぎてきたのかもしれません。

　戦場セルフィーが映し出す、辻褄の合わないカオスを前に、僕は謙虚な気持ちになります。そして、遠く平和な国で「戦争はいけない」と正論を叫ぶだけの人の無責任さを実感します。あってはならない、ではなく、実際にあるのです。正論が言えるのは、たまたま平和な場所にいるからです。もしかするとその人は一生、本当の戦争を知らずに過ごせるのかもしれませんが、いつ終わるとも知れない戦いの真っただ中にいる人たちに、そんな言葉はなんの意味も持ちません。

　有史以来、人間は殺し合いを続けてきました。近年、先進国の人々はその残虐性を見ないようにしてきたわけですが、今やそれをクリックひとつで見ることができる時代です。自らの知性と精神の強靱さに自信があり、お仕着せの理想論や精神論ではなく「今、世界で何が起きているのか」を本当に知りたいのなら、覚悟を決めて戦場セルフィーを延々と見続けてみてはどうでしょうか。

社会主義国ベトナムの「親米化」

〝ベトちゃん・ドクちゃん〟で知られるベトナム人のグエン・ドクさんが、2017年4月に広島国際大学の客員教授に就任しました。36歳になったドクさんが、なぜ広島で「平和や命の大切さなどを講義する」ことにしたのか——その本心は知る由もありませんが、彼の母国の国内事情、政治的背景はことのほか複雑です。

ドクさんは、兄のベトさんと下半身がつながった結合双生児として生まれ、後に分離手術に成功しました（ベトさんは2007年に死去）。これはベトナム戦争で米軍が大量散布した枯れ葉剤の影響とされています。誤解を恐れずに言えば、〝ベトちゃん・ドクちゃん〟はアメリカの非人道的行為の被害者として、社会主義国ベトナムの反米プロパガンダの象徴的存在となっていったのです。もっとも、ベトナム国内において反米機運が主流派を占めていた時代までは、ですが。

この20年でベトナム社会は大きく変容しました。そのきっかけは1995年の米越国交正常化により、両国が急接近したことです。出生率のすさまじい上昇で〝戦後生まれ〟がすでに多数派となった現在のベトナムでは、若者は反米どころかアメリカへのあこがれを隠そうともしません。首都ホーチミンのマクドナルドやスターバックスには行列ができ、ベトナム戦争で使用された枯れ葉剤のメーカーである米モンサント社でさえ、ベトナムの農業ビジネスに深く食い込んでいます。

極め付きは2016年5月、ベトナム戦争終結時から続いたアメリカによる武器禁輸措置が全面解除されたことです。それまでロシア頼みだった軍事分野でも、ベトナムはアメリカと協力関係を築くことになったわけです。

その背景には、膨張を続ける中国の脅威があります。1979年の中越戦争以降も、二国間では南シナ海の領有権をめぐり何度も軍事衝突が発生しており、近年は海底油田の開発問題も絡んで緊張は高まる一方です。国民の対中感情も相当に悪化しており、若者を中心とした反中デモが頻繁に起きています。

かつての敵国アメリカと組んででも、「今そこにある危機＝中国」に対抗したい。そんな思惑を持つベトナム政府は、アメリカ政府に枯れ葉剤被害者への補償を求めこそすれ、声高に謝罪を要求するようなことはしていません。自国の地政学的立場を考えれば、超現実路線（米越連携による対中戦略）をとるしかないとの判断でしょう。

反米から親米・反中へ。こうした母国の変化は、ドクさんの〝立ち位置〟にも少なからず影響を与えたはずです。戦争の凄惨さを知らぬまま急速な経済発展に沸く戦後世代はすでに国民の過半数を占め、反米的な主張にはなじまない。そして政府も、かつてのように反米プロパガンダを展開することはない――。

2016年秋、広島を初訪問したベトさんはこう発言しています。

「原爆と枯れ葉剤の被害はどちらも戦争によるもので、同じ痛みを共有しています。世界では今も戦争が繰り広げられていますが、争いをやめ、化学兵器や核兵器は廃絶しなければなりません」

この言葉通り、彼は純粋に広島で戦争の悲惨さを語りたいのだと思います。ただ、こうした母国の〝変化〟も、彼の人生の選択に何かしらの影響を与えたのではないか……。僕にはそう思えてなりません。

六本木の「現代のハプスブルグ家」

先日、仕事の関係で東京・六本木の某有名外資系企業のオフィスにお邪魔したのですが、そこで「未来の日本の縮図」を見た思いがしました。

その企業の中心スタッフは人種も国籍も多様で、ハーフやクオーターらしき人も少なくありません。口を開けばバイリンガル、トライリンガルが当たり前で、全員が流暢《りゅうちょう》な英語でディスカッションをしています。

一方、まったく毛色の違うグループもいます。受付で来客のセキュリティをハンドリングする超美人の女性チームや、技術室で複雑な器具を管理するスタッフ、そして黙々と動く出入り業者――そうした人々はいずれも若い日本人で、それぞれの現場を動かす実働部隊といったところです。前記の中心グループに属するスマートないでたちの黒人男性スタッフ（おそらく日本育ち）が時折、完璧な日本語で彼らに指示を出していました。決定権を握るグローバルエリートと、その指令を受けて職人的に任務を遂行する日本語話者。そこには明確なピラミッドが存在していました。

イギリスの作家オルダス・ハクスリーが１９３２年に発表した『すばらしい新世界（Brave New World）』というSF小説があります。人類は管理された工場で〝生産〟され、生まれつきアルファ、ベータ、デルタ、ガンマ……と階級に分けられ、役割が決まっている。醜い姿の最下層のエプシロンは、アルファやベータのためにひたすら労働するが、知能が低めに設定されており、不満も持たずに単純な報酬で満足する――そんな近未来を描いたディストピア小説です。

僕が六本木で見たのは、多国籍エリート層のアルファと、それを支える優秀な日本人労働者層のベータという構図でした。そこにはデルタやガンマが入る余地すらなく、その点は『すばらしい新世界』とは違いますが、ともあれ日本でも本格的な「階層社会」の到来が近いことを予感させられました。

英語を学び、外資を呼び込むことでしか発展できなかったシンガポールのような国とは違い、日本には1億人規模の国内市場があります。それはある意味で幸福かつ幸運なことだったのでしょうが、この平穏なガラパゴス社会は、グローバル化という世界的潮流と少子高齢化・人口減という国内事情によりそろそろ崩壊に向かい始めます。今後はグローバルエリートが社会のトップで活躍するのみならず、さまざまな職種の現場に各国から労働者が流れ込んでくることでしょう。

日本人の多くは「変わらない」ことを望み、面倒には向き合わず、課題を先送りにしてきました。本当は筋肉が萎縮して身動きが取れなくなっているのに、「狭い範囲の中でも幸せがある」と、自分たちを慰める人も少なくありません。英語が必要な仕事なんてごくわずかだ——そう言って、努力のいらない世界に逃げ込もうとするのです。

数年前、ある著名な左派知識人の〝Back to Edo era!（江戸時代に戻ろう！）〟というツイートが話題になりました。大丈夫です。心配しなくても、そう望む人は江戸時代の庶民生活に戻れます。徳川家ではなく、グローバルエリートという〝現代のハプスブルグ家〟が支配する階級社会の下層で生きることが前提になりますが。

勘違いしないでほしいのですが、僕は未来を悲観しろと言いたいわけではまったくありません。むしろ日本に生まれた時点で、途上国出身者よりもいろいろな面でアドバンテージを持っていることは間違いない。努力が実を結びやすい環境にある——それさえ理解できれば、やるべきことはおのずとはっきりするはずです。

第4章

日本人が知らない「日本の差別」

在日・移民・フェミニズム

２０１６年2月28日に開かれた第88回アカデミー賞授賞式。先立って俳優部門のノミネートが発表された際、20枠すべてを白人が占有したことについて、「米映画界に人種差別が横行している証拠ではないか」と、激しい議論が繰り広げられました。

これを受け、アフリカ系アメリカ人のスパイク・リー監督や有名俳優のウィル・スミス夫妻は授賞式を欠席。司会を務めた黒人コメディアンのクリス・ロックも、かなりどぎついジョークを交えつつ、オープニングでこの話題に触れました。

このように、人種や男女間、ＬＧＢＴなどの差別・偏見問題について、今の欧米社会では「現実」と「政治的正しさ」のせめぎ合いが続いています。一方、同じように先進国と呼ばれているはずの日本では、こういった感覚がほとんど共有されていません。オバマ政権時代、「アメリカ大統領は黒人、奴隷」と発言した自民党議員のようなあからさまなものはさすがに批判されますが、問題はもっと微妙な〝隠れ差別意識〟があちこちに表出しているにもかかわらず、それに対してほとんどの人があまりにも無自覚なことです。

例えば、女性アイドルが異常なまでに男性に媚びるようなキャラを演じること。タレントである以上、お客さんに気に入られたいのは当然ですが、その「程度」が尋常ではありません。「本人が望んでやっているなら問題ない」という声もあるでしょうが、その構造自体に女性差別が潜んでいる、と欧米では認識されるレベルです。

また、日本のテレビ番組には「いじられキャラ」がしばしば登場しますが、これも人種などの問題が絡むと非常に微妙なラインです。例えば、アフリカ出身の黒人タレントが「おバカ」「無知」といった理由で、ほかの外タレ（特に白人）や日本人のインテリタレントにいじられているシーンは、欧米目線で見れば「いじめ？　差別？」という感じでしょう。もちろん日本の「文脈」がわかる人にとってみればただのネタなのですが、僕もテレビを見ていて「これは欧米の人に見せたらまずい……」と、目を覆いたくなることがしばしばあります。ただの演出だ、当人も了承済みだ、といっても、「制作者や視聴者の内部に差別が潜んでいるからこんな演出になるんだ」と論破されて終わりでしょう。

こういう話をすると、「事情を知らないガイジンの見当違いな批判に耳を貸す必要はない」という意見が必ず飛んできます。日本は日本で勝手にやっていくからいい、欧米の価値観を押しつけるな、と。

しかし、今や情報も人も容易に国境を越える時代です。文化や価値観の衝突が避けられない以上、「日本だけ特別」という言い訳は成り立ちません。国際基準では何が差別だと認識され得るのかを理解し、それでもやるのなら「これは差別でもなんでもない」としっかり説明できるようにならない限り、無用な誤解を生むだけです。

日本の話ではありませんが、ひとつ例を挙げましょう。２０１６年2月、フィリピンの超有名ボクサーのマニー・パッキャオが、同性婚に対して「動物以下だ」などと侮蔑する発言をしました。その結果、グローバル企業のナイキ社は、すぐに彼のスポンサーから撤退。一方で、フィリピン国内のスポンサー企業は、これを問題視する気配もなかったようです。——そして、それ（グローバル企業とフィリピン企業の温度差）を報じる欧米メディアの記事の行間には、うっすらとフィリピンの「後進国」ぶりへの侮蔑がにじんでいたのです。

実際のところ、欧米圏では日本もこのように「二流国」というニュアンスで報じられることが決して少なくありません。その危うさを理解しないまま２０２０年の東京五輪を迎えるのは、かなり危険なことだと思います。

Ⅰ　フェミニズムが定着しない社会

バービー人形が象徴する欧米フェミの進歩

はっきり言ってしまえば、日本という国は完全に「フェミニズム後進国」だと認識されています。では、いったいどの程度「遅れて」いるのでしょうか。

アメリカでは１９６０年代にフェミニズムが本格的に勃興しましたが、当初は左翼運動的に「女性の権利」を求めるばかりで、多くの人々の共感を得られませんでした。それが大きく前進したのはここ20年、30年ほどの話。魅力ある女性の著名人、活動家が社会をうまくジャックすることで、旧来の〝糾弾型運動〟を大きく超える影響力を持ち、世の中を動かしていったのです。

欧米社会のフェミニズムがどう発展してきたのかは、「バービー人形」の半世紀以上の歴史を振り返っていくとよくわかります。当初は〝典型的な女の子の職業〟が主流だったのですが、最近では宇宙飛行士や起業家、大統領など、「なんでもあり」といっていいほど多彩な職業のバージョンが登場しているのです。

これはアメリカの現実社会の流れと完璧にリンクしています。2016年の米大統領選挙で（最終的に敗れはしたものの）大本命だったのは女性のヒラリー・クリントンですし、有能な女性の起業家や宇宙飛行士も続々出現していますし、ハーバード大学など超名門校の男女比率も今やほぼ半々です。もちろん欧米のフェミニズムも万能ではありませんが、少なくとも子供たちが自然と宇宙飛行士や大統領を目指すようになったことで社会は活性化し、多くの副産物が生まれています。

一方、日本はどうでしょう？　あからさまな女性蔑視を口にする人は確かに少なくなりました。昔に比べれば、女性の地位は向上したと言えなくもありません。

ただし、それでも残念ながら日米の〝フェミニズム格差〟は以前よりむしろ広がっています。例えば、東京大学の学生は今も8割が男性。欧米では近年、女性の理系エリートが急増していますが、日本では2015年のSTAP細胞騒動を見てもわかるように、まだ「女性がこんな世界に！」という感覚が主流です。

日本政府は2020年までに企業の管理職の3割を女性にするという目標を掲げていますが、根本的な問題は、男性が女性に対して抱く価値観・期待感が狭いレンジに固定化されていること。そして、女性の側も現実的な（しかし前向きではない）判断から、おおむねそれを受け入れていることです。象徴的なのが、芸能（特にアイドル）やアニメの世界です。「かわいらしい女のコ」という顧客の狭いニーズに応えることで、女性観がより固定化されていくという悪循環が起きているように見えます。

アメリカでいえば、例えばマドンナがかつてスキャンダラスにエロスな表現を用いたのは、商業的な意図だけでなく、「女性の肉体的な解放」を象徴するための行為でした。単なる男性目線のエロではないからこそ、女性にも圧倒的に支持されたのでしょう。日本でこうした文化的な変革が起きない理由はどこにあるのか。〝日本のレディー・ガガ〟が出現しないのはなぜなのか。問題はことのほか深刻です。

ひとつ指摘しておかなければならないのは、日本では21世紀になっても、シーンの真ん中で主張を続けるフェミニズムの論客・活動家が「へんてこ」だという身もふたもない真実です。誰とは言いませんが、特にテレビや新聞などのマスメディアで「女性の権利が‼」

と訴えている人たちの多くは、残念ながら今も〝気持ち悪い活動家〟の域を出ていない。これは大麻解禁運動に関しても同じことが言えるのですが、やはり社会を変えようとする側の人々がまず変わることでしか、革命は始まらないのかもしれません。

曽野綾子とアニタ・ブライアント

2015年3月、産経新聞に掲載された作家・曽野綾子氏の移民に関するコラムに対して、南アフリカ共和国の駐日大使が「アパルトヘイトを容認し、賛美している」と抗議した〝炎上事件〟を覚えているでしょうか。僕も当時、そのコラムを読んだのですが、問題となった黒人差別関連の記述に加え、もうひとつ気になったことがありました。それは、あまりに露骨な彼女のアンチ・フェミニズム的な側面です。

該当箇所の内容は、高齢化が進む日本の介護業界が、「語学の訓練など全く受けていない外国人の娘さん」や「日本に出稼ぎに来たい、という近隣国の若い女性」を積極的に迎え入れるべきだ……というものでした。この時代に、あのような文面を堂々と書ける感覚はすごいとしか言いようがありませんが、彼女は昔からフェミニズム反対、弱者は自分で頑張れ、という路線のようなので、このコラムも〝平常運転〟だったのでしょう。

コラムを読んでいて、僕の頭の中では曽野氏の姿にある人物がオーバーラップしました。

主に１９７０年代に活躍した、アメリカの女性歌手アニタ・ブライアントです。

１９６０年代後半から、アメリカの先進的な若者たちの間には女性やゲイ、黒人などあらゆる差別を撤廃しよう、ドラッグとセックスでみんなハッピーになろう、というような雰囲気が広く共有されるようになりました。一方、それに対するカウンターとして、１９７０年代後半には「こんな退廃的な空気では、冷戦の敵であるソ連に勝てない！」と、大人世代を煽動する保守派の主張が息を吹き返してきます。その中心のひとりが、歌手でありながら政治的活動に身を投じたアニタでした。

彼女は強硬なキリスト教右派で、主張の柱はアンチ・フェミニズム（どんな理由でも中絶は許されない）、アンチ・ゲイライツ（ゲイは病気だから治療が必要）。アメリカが弱くなったのはこの社会に潜んでいる共産党工作員のせいだ、というような陰謀論まがいのストーリーを垂れ流す識者や共和党の右派政治家たちは、知名度のある彼女を積極的に起用してメディアキャンペーンを展開しました。

もちろん、リベラルな思想を持つ知識層の多くは、そんなアニタをせせら笑いました。しかし、それでもある一定の層に対しては、このキャンペーンがそれなりに功を奏します。当時はベトナム戦争の敗北、オイルショック、ウォーターゲート事件などが重なり、「アメリカの弱体化」に漠然と不安を抱える人も少なくなかった。アニタの主張は、その心理を巧妙に突いたわけです。

おそらく今の日本でも、曽野氏の人種差別的、アンチ・フェミニズム的な主張に内心、同調する人は意外と少なくないのではないでしょうか。それもいわゆるオヤジ層や老人層だけでなく、40代から50代あたりの女性にそういうタイプの人が多いように思います。彼女たちにとってみれば、思考を〝オヤジ化〟させることこそが、日本社会を生き抜く処世術だったのかもしれません。

三十数年前、僕が初めて日本の出版社に出入りしたとき、打ち合わせを終えると担当編集者が「あとは女のコにやらせときますから」とさらっと言うのを聞いて仰天したのをよく覚えています。日本社会はあれから何周も同じ所を回り続けているのかもしれませんが、今を生きる個人に対してこれだけは言っておきたい。古い価値観に自分自身をチューニングしきってしまうと、環境が変わったときに生きていけませんよ。

「萌えロリ」「JKビジネス」への厳しい視線

米国務省が2017年6月末に発表した「世界の人身売買をめぐる2017年版報告書」では、各国の人身売買被害者保護の取り組みが4段階で格付けされています。日本はG7諸国の中で唯一、最上位評価を受けられず（13年連続で上から2番目のランク）、「強制労働や売春に関わる人身売買の送り先であり、供給元であり、経由地でもある」と批判されています。

また今回は、初めて報告書にＡＶ出演強要問題が取り上げられ、会見の場ではいわゆるＪＫビジネスについてもイヴァンカ・トランプ大統領補佐官が「売春の温床」と指摘しました。今後、日本の性文化や性産業に対する目はますます厳しくなっていくでしょう。

この評価に対し、日本では「論点がズレている」「妙な活動家や団体にそそのかされている」「日本は性犯罪が少ない、言いがかりだ」……といった声も目立ちます。それぞれ一理あるといえばありますが、気になるのは報告書の指摘に対し、表舞台で堂々と反論できるようなロジックがあまり見当たらないことです。

確かに、日本の性表現や性産業に関する海外からの指摘は、歪められたデータや特定の政治思想によって誘導されていることも珍しくありません。例えば２０１５年、国連特別報告者が「日本の女子生徒の30パーセントが援助交際の経験者」と発言し、世界３大通信社のひとつであるＡＦＰ通信が「国連特別報告者が日本に対し、子供を極端に性的に描いた漫画を禁止するよう呼びかけた」と報道した際は、その数字があまりにデタラメだと話題になりました（その後、援助交際経験者の割合に関する言及部分は30パーセントから「13パーセント」に訂正されたものの、やはりその根拠は薄弱で、最終的に発言は事実上撤回されています）。ただ、そうした個々の矛盾や事実誤認をいいことに、「問題はない」「欧米の価値観を持ち込むな」と強弁を振るい続けることが今後もできるでしょうか。

グローバル化が加速する現在、国際社会では国境をまたいだ未成年の誘拐、人身売買、強制労働、レイプ、強制売春……といった人権侵害が大問題になっており、欧米の先進国は否応なくそれと向き合っています。

昔から貧しい国では子供の人身売買が行なわれていましたが、それは基本的には国境の中での出来事でした。ところが、世界中がアメリカとソ連の両陣営に分かれていた冷戦が終わると、核戦争という大きな危機が去った一方、あちこちで経済混乱や無秩序な紛争が頻発。底なしの貧困が広がるとともに、人身売買のルートも難なく国境を越えるようになったのです。

アフリカ、南アジア、東南アジア、欧州の旧ユーゴ諸国……といった諸地域で、多くの子供たちが組織的な児童労働や児童買春の被害者となり、虐待、監禁、あるいは殺人の恐怖と隣り合わせで生きている。日本も明らかにこうした問題の当事国のひとつであるにもかかわらず、なぜ「われ関せず」で独自の性文化を楽しんでいるのか――。これが欧米からの指摘の本質です。

秋葉原に行けば女児を模したラブドールが当たり前のように売られ、女子高生の制服を着た女の子が男性客と腕を組んで歩いている。多くの人が目を覆いたくなるような際どいアニメのポスターも堂々と張られている。テレビをつければ、ティーンのグループアイドルが確信犯的にパンチラ寸前の振り付けで歌い踊る。ＡＶ出演強要問題にしても、「ほとんどの場合は本人の自由意思だ」と、多くの人がさほど問題意識を持つことなく〝見て見ぬふり〟を通す……。

この〝見て見ぬふり〟という日本人や日本メディアの態度が、欧米人にとっては最も理解し難いのです。彼らの目には、「日本では公の場で堂々と未成年の性が搾取されている」としか映らない。そうでないなら、きちんと論を立てて反論してみろ――と。

僕個人は、日本のエロ文化はできる限り防衛すべきだし、基本的にセクシュアリティは奔放でいいと思っています。ただし当然、そのためにこそ犯罪を許してはならず、「文化」のために誰かが不本意な思いをするようなことがあってもいけない。少女アイドルもJKビジネスも、性搾取ではない、国際社会のほうが誤解をしているというのなら、堂々と論を立てて主張すべきです。それも日本国内でほそぼそと議論するのではなく、客観的事実（例えば、日本の萌え産業の消費者と児童性犯罪の間にはなんら相関関係がないなど）を携えて英語で雄弁にディベートを仕掛けるべきです。もはや〝鎖国〟などできない時代なのですから、うやむやにやり過ごそうとし続けるばかりでは、いつか〝黒船〟が来てすべてお取り壊しになってしまうでしょう。

2　移民を拒むガラパゴス

冷淡な日本のリベラル

〝Acceptance（受諾）〟ではなく〝Denial（拒否）〟——そんなトランプ政権下のアメリカで悲劇が起きました。2017年7月下旬、テキサス州のスーパーマーケットの駐車場に停められた大型トレーラーの中に100人以上の不法移民が詰め込まれているのが発見され、熱中症とみられる症状で数十人が病院に搬送。うち10人が亡くなったのです。おそらく移民ブローカーに人身売買まがいの扱いを受けていたのでしょう。

現代の国際社会はグローバル化により人々の往来が激しさを増す一方で、南北格差（先進国と途上国の経済格差）が解消される気配はなく、政情不安に陥っている国も多い。命がけでも豊かな国に行こうとする人々は後を絶ちません。それでも先進国側は率先して格差を解消しようとするどころか、貧しい国の労働力や資源に依存しつつ、その反動として押し寄せる移民・難民は受け入れたくないという態度を一様に取り始めています。

これは麻薬問題でも同じことがいわれますが、「現実」はもうそこに厳然と存在するのです。本来はそれを受け入れ、共存していくしか道はない。それなのに、現実の急速な変化に対応できないあまり、集団逃避的に問題の存在を認めず、ただ拒絶しようとする――これが欧米で近年勢いづく移民排斥派の実態です。

彼らは総じて栄光の過去を語ります。あの頃のわが国は素晴らしかった、あの理想に立ち返ろう……。しかし忘れてはいけないのは、人間にとって「過去」というものは必ず記憶のなかで整理整頓され、秩序だって見えるという事実です。その整然たる記憶にそそのかされがちですが、実際にはどの時代にもさまざまな不安要素やリスクがあり、それでも人々はなんとかやってきたのです。美化された過去と、まだ見ぬ不確定な未来の〝差分〟を利用して、そこに嘘や願望を染み込ませていく――これがポピュリズムの常套手段であるということは、誰もが知っておくべきでしょう。

何よりこれは決して対岸の火事ではなく、まったく同じことが日本にも当てはまります。それどころか日本の場合、多くの大手メディアまでもが現実逃避的な高齢者に寄り添うばかり。本当は清濁併せ呑みながらやっていくしかないのに、「憲法9条さえあれば平和は続く」「原発がなくてもやっていける」「経済成長がなくてももう十分だ」……と、「今のままでいい型」の主張が無批判に賛同を得る。こうした流れのなかで、「日本は移民を受け入れる必要がない、むしろ難民なんか入れたら国がめちゃくちゃになる」などと、レイシズム同然の発言を堂々とする言論人、そしてそれを無邪気に信じる人も少なくありません。日本の製造業の多くの部分がすでに外国人労働者に依存しているという「現実」には目もくれずに。

あるいは、難民や移民の受け入れには賛成といいつつ、その人たちには日本人より低い立場の〝下働き〟をあてがえばいいという考え方も目立ちます。実際、日本の農業分野における外国人技能実習制度などは事実上、〝奴隷労働〟の温床と化しており、人道的な問題点も指摘されています。このようにチャンスを公平に与えることなく、彼らを経済的に追い詰めておきながら、一部の外国人が犯罪に走ると一気に排斥の機運が高まる……。これを冷淡と言わずしてなんと言えばいいでしょう。

みずほ総合研究所は2017年7月、日本はすでに移民国家と言っていい状況だとするレポートを発表し、「移民政策や外国人労働者の受け入れについて考える必要がある」と結論づけています。僕もおおむねその通りだと思いますが、ひと言付け加えるなら、この日本社会の不正義を野放しにしたままで受け入れても、うまくいかないのは目に見えています。つまり、「いかにして彼らを公正に受け入れることができるか」を今すぐにでも考える必要があるのです。

こうした議論や運動は本来、リベラルを自任する人々が取り組むべきことです。今後もし自民党などの保守勢力が移民や難民の本格的な受け入れへと舵を切れば、党内外のレイシストを排除すると同時に、無党派層を大きく取り込むことになるでしょう。そのとき、野党はどうするのでしょうか？「日本人の賃金が下がる」「日本だけはテロにも戦争にも巻き込まれたくない」などと内向きの主張に終始して、他国の人権問題も難民問題もスルーする〝自称リベラル〟を、僕はリベラルとは呼びたくありません。この問題に全力で、しかも保守層より早く取り組むことこそが、烏合の衆による「護憲」や「反原発」よりははるかに強い風を生むはずです。未来を切り開くのは〝Denial〟ではなく〝Acceptance〟なのです。

エイリアンが社会を変える

南アフリカを舞台に、難民として地球に来たエイリアンと人類の対立を描いた『第9地区』という映画をご存じでしょうか。あの作品は、アパルトヘイトのメタファーが根底にあり、人間が心の奥に持っている「自分と違うもの」への差別、おびえ、反発といった感情がよく表現されていました。

現実世界に目を移しても、やはり他国からの移民という〝エイリアン〟を目の前にした人間は、得てしてそうした感情に襲われてしまうものです。排外的な右派ポピュリストが旋風を巻き起こしている欧米圏は、今まさにそのような状態なのでしょう。

しかし、こうした状況を日本から見て、「多様化なんてするもんじゃない」「やはり移民なんか受け入れないほうがいい」などとしたり顔で語る人々には、はっきりとこう反論したいと思います。多様性を受け入れないばかりか、そのための議論すらない社会には未来はありません。現在の欧米の混沌は、社会がさらに一歩前に進むための過渡期——僕はそう見ています。

欧米諸国には多様化の長い歴史があります。アングロ圏のイギリスやアメリカを例にとれば、まず英語という言語自体、サクソン語やゲルマン語をはじめ、いろいろな言語が交ざり合って成立しており、語法やボキャブラリーに一貫性がない。さらに、植民地時代以降は社会がより複雑化し、本土と植民地、本国人と移民、使用者と奴隷、白人と非白人……といったさまざまな対立を抱えつつ、年月を経るうちにそれらが〝ごちゃ混ぜ〟になっていったのです。

異なるバックグラウンドを持つ人々が混在する社会では、〝暗黙の了解〟が通用しません。すると必然的に「論理」で整合性を出すことに重点が置かれ、あらゆる分野で闊達《かったつ》に議論が行なわれ、いずれ「異なる価値観の視点」が社会に組み込まれていきます。昨今の混乱や衝突も、こうした歴史の延長線上にあるものだと理解すべきでしょう。

ちなみに、感覚的な話になり恐縮ですが、議論においてより「なんでもあり」なのはイギリスです。何しろ、エリザベス女王陛下をコメディでいじることもＯＫ。一方、アメリカでは近年、社会の進歩の過程で生まれたポリティカル・コレクトネスが大きくなりすぎ、さじ加減の難しい時代に突入しています。ただ、いずれにしても「タブーに突っ込む議論が奨励される」という大前提は同じです。

それに対して、日本は（使い古された表現ですが）「不都合な真実」を言ってはいけない社会です。一般人同士の会話でも、お互いへの敬意や〝憚《はばか》り〟によって、しばしば自然と議論にブレーキがかかります。実は、これは日本だけでなく、東アジアの漢字圏の国――日本、中国、韓国に共通した特徴です。

日本がアジアの中では欧米化された国であることは事実ですし、皆さんのなかには「中韓より欧米に近い」と考えている人も少なくないでしょう。しかし、こと社会の多様性、議論の透明性という面では、民主主義のない中国や、しばしばナショナリズムが論理を超えてしまう韓国に非常に近いと僕は思うのです（認めたくない人も多いでしょうが）。

シリアなどからの難民受け入れ問題が世界的なトピックとして注目されていた2015年9月、元国連難民高等弁務官の緒方貞子氏は朝日新聞のインタビューに応じ、日本政府の姿勢にこう苦言を呈しました。

「難民の受け入れくらいは積極性を見いださなければ、積極的平和主義というものがあるとは思えない」

当時、安倍政権は「積極的平和主義」をうたっていましたが、こと難民認定に関していえば、日本政府はおよそ先進国とは思えないほど消極的な姿勢を続けており、緒方氏は

「（自身が難民高等弁務官を務めていた1991年から2000年）当時からその状況は変わっていない」と、現状を嘆いています。

そのインタビューからちょうど20年前の1995年——映画『ホテル・ルワンダ』でも描かれたルワンダ大虐殺の翌年——緒方氏は国連本部で素晴らしい演説をされており、その中に次のような一節があります。

「難民は慈善を求め、絶望の声を上げるだけの存在ではありません。彼らは社会に変化をもたらし、文化を相互に融合させる使者となり、活気をもたらすのです」

ともすれば厄介者扱いされがちな難民こそが、社会の閉塞感を打ち破る力になる。そう訴えたのです。この演説は、ルワンダ問題に関して消極的だったアメリカに対する「この状況を無視できるのか」というメッセージでもありました。

多様性がなく、「みんなが同じことを考えている」ことが前提となる社会では、進歩的な人の声は潰され、多くの人が空気を読んで面倒な議論を避けるようになります。それでも日本人は多様化を否定し続けるのでしょうか。少子高齢化が進めば、どうせいつか移民を大規模に受け入れる日が来るのだから、その状況をポジティブに楽しめるように今から心の準備をしておいたほうが得ではないでしょうか。きっとエキサイティングで面白い時代になるはずです。

3 ヘイトという魔物

保守論壇への便乗から生まれた現代の在日ヘイト

昨今の日本社会に渦巻く「在日」に対する差別とヘイト。昭和の時代からこうした主張はごく一部の人々が行なっていましたが、なぜ、近年これほど目立つようになってしまったのでしょうか。

２０００年代以降、大手を含む多くの出版社が日本人の自尊心や愛国心を回復することをうたった「右翼・保守系」の書籍や漫画作品を出版するようになり、そこに無視できない市場が誕生しました。おそらくその背景には、漫画家の小林よしのり氏など、１９９０年代以降にヒットした保守論客たちの勢いに便乗したいという狙いがあったのでしょう。

このジャンルの一連の作品では決まって中国や韓国、北朝鮮などの〝悪辣な政治家〟や、それに追随する〝売国日本人〟が、読者の敵愾心《てきがいしん》を煽るように醜くずるい人物としてデフォルメされて登場しました。ここから排外的な思想を二次的に引用し、野次馬的にエスカレートさせた一定数の人々が、「在日は憎むべきだ」というような考え方を広めていった面は否定できないでしょう。

日本全体で見れば、もちろんそういった主張は少数派です。しかし、そこにインターネットが加わったことで、彼らの声はどんどん増幅されていきました。左派政党・メディアの失態が相次いだことや、グローバリズムが浸透し、弱肉強食の美学が喧伝《けんでん》されたことなども追い風になったのかもしれません。

それでも、2000年代中頃にネット上に出現した初期の在日ヘイトは、ただの悪趣味なアミューズメントでした。しかし、2010年前後にユーストリームなどの動画配信サービスが登場すると、〝ガチなヘイトデモ〟の様子などが広く拡散し、共感者が増えてきます。SNSなどでガセネタすれすれのヘイト情報をバラまく人々も、以前より「釣り」のスキルがはるかに上がってきました。そこに一部の出版社が「売れればいい」と無節操に便乗し、書店ではヘイト本が平積みに……。

こうして、「日本社会を蝕《むしば》む悪の在日」という陰謀論が浸透していったのです。

このヘイト運動の最大の問題点は、前提が大きく間違った「正義」をかざしていることです。彼らは日本人としての自らの権益が侵されるかもしれないという不安からか、「在日が日本を支配している」といった根拠のない物語に飛びつき、憎悪を暴走させてしまう。そして、「こんな不正義がまかり通るなら、在日差別は〝必要悪〟だ」と、自らを正当化する。あるいは、「DVやレイプは被害者側にも問題がある」などという歪んだ主張と同じようなロジックで、なぜか差別を受けている被害者側の「落ち度」に過剰にフォーカスする人も少なくありません。

朝鮮半島が南北に分断されている「ねじれ」の余波で、韓国社会には日本への憤りや嫌悪感情に変換される負のエネルギーが存在し、それを歴代の韓国政治家たちが利用してきた――それは否定できない事実でしょう。しかし、だからといって日本にいるマイノリティを叩くのは、お門違いにもほどがあります。そんな当たり前の視点すら持てなくなるほど、ヘイトには麻薬のような依存性があるのでしょうか。

「ニュースでこっそり差別」という火遊び

北朝鮮という国の情報は、日本では一定のニュースバリューがあります。特に核・ミサイル危機が叫ばれる昨今では、ネット上でも多くのメディア――新聞社やテレビ局といったマスコミのサイトから、ウェブオンリーの国際ニュースサイト、そして「北朝鮮専門ニュースサイト」まで――がその動向を報じています。

気になるのは、そうした記事群の中に、「北朝鮮」や「朝鮮民族」に対する日本人の偏見を肯定するような切り口のコンテンツが散見されることです。表向きは北朝鮮という国への理解を深めよう、北朝鮮の内情をレポートしよう、というような体裁を取っているものの、中身を読んでみると、「あいつら、やっぱり異質で気持ち悪いな」という偏見に迎合したポルノグラフィになっているのです。それも、知識層に対するユーモアとして「それぐらいの余裕を持って北朝鮮を見つめたほうがいい」というメッセージを込めているというならまだマシですが、実際には多くの記事が単にアクセスを稼ぐための〝差別ビジネス〟になってしまっています。

直接的に差別を書いているわけではないけれど、「障子一枚」隔てて歪曲《わいきょく》的に差別をにじませ、人々の留飲を下げる――この手の「朝鮮人を笑おう」という遊びには、アメリカのＡｌｔ・Ｒｉｇｈｔにも通じる危うさを感じてしまいます。

Ａｌｔ・Ｒｉｇｈｔは、しばしば反ユダヤ主義的なニュアンスを記事中ににおわせますが、その背景には、決して少なくないアメリカ人が持っている「アメリカ（特に東海岸）の富裕層や知識人といったエスタブリッシュメント層はほとんどがユダヤ系だ。あいつらは既得権を持って甘い汁を吸っている」という陰謀論まがいの潜在意識があります。そんな人々に対しては、はっきりとヘイトを叫ばなくとも、ほんのりと「におわせる」だけで十分に効果があるのです。

日米のこうした状況を並べてみると、日本の一部メディアの「北朝鮮を笑おう」という姿勢は、かなり危険な〝火遊び〟だと感じます。「やっぱり朝鮮人には違和感を感じる、異質だ」「在日の人間はやっぱり日本には本当の意味でなじんでいない」……そういった元からある偏見を利用するのは、メディアとしてあまりにも無責任です。情報とは一種の麻薬であり、依存性がある上にどんどん過激なものが欲しくなっていきますから、最初は遊びのつもりでも、いつの間にか感覚がまひしていく。こうして多くの人が差別意識に蝕まれてしまえば、その後遺症は社会に2世代、3世代と残り続けていくことでしょう。

ラッスンゴレライと陰謀論

お笑いコンビの8・6秒バズーカーが大ブレイクし、連日バラエティ番組に出演していた2015年春、「彼らの『ラッスンゴレライ』というネタは在日朝鮮人による日本人へイトだ」というデマがネット上で拡散されました。いわく、8・6は広島に原爆が投下された「8月6日」、バズーカーは「原爆」、さらにラッスンゴレライは米軍が原爆を落とす際に使った命令「落（ラッ）寸（スン）号令（ゴレ）雷（ライ）」を意味する。在日がメディアをコントロールして、原爆投下を揶揄する日本人へイトを浸透させようとしている――。いわゆる陰謀論の一種です。あまりに荒唐無稽すぎて反論する気も失せますが、このどうしようもないガセネタが当時、瞬間的にとはいえ、ネット上でかなりの話題になってしまったのです。

こうしたことは決して珍しいことではなく、過去にも国内外で多くの陰謀論が人々に拡散されてきました。9・11同時多発テロはアメリカの自作自演だ。東日本大震災は地震兵器「HAARP《ハープ》」による人為的な破壊活動だった。歴史上の重要な出来事はすべてユダヤ人が決めてきた……。

ただし、現代における陰謀論の広がりは、ソーシャルメディアの力を借りることでより爆発力を増しています。どこからか発生した雑なネタが、いつの間にかネット上で「これが真実だ！」「巨悪と戦おう！」と一部の人々に熱狂的に支持され、シェアされていく。しかも最初は「薄味の浅漬け」くらいの内容だったものが、拡散されるうちにいろいろな〝根拠〟やら〝新事実〟やらが追加されていき、気が付けば奈良漬けの10倍くらい濃くなって、口に入れただけでヤバい代物になっていく。それでも、耐性のない人々はそれを「おいしい！」と、意外とすんなり受け入れてしまうのです。

例えば、今10歳の日本の子供たちに、「広島・長崎に原爆が投下されたという話は捏造《ねつぞう》だ。アメリカと日本を仲たがいさせるための陰謀だ」というネタを流し続けたとしましょう。おそらく10年後には、20歳前後になった彼らのうちそれなりの人数が、その陰謀論を信じる大人になっていると思います。

原爆投下直後、「放射能で多数の死者が出た」と批判されたアメリカ政府は、「爆風では死んだが、放射能とは関係ない」と因果関係を否定した——これは歴史的事実です。もちろん、それは責任を逃れるための詭弁だったのですが、当時の公文書や新聞記事から都合のいい部分（「死者ゼロ」）だけを抜き出してくれれば、「原爆の犠牲者はいないという公式なデータがある」という話の根拠として使うこともできてしまう。こういう手口で、いろいろなところから〝証拠〟なるものをかき集めてくれれば、「原爆投下そのものが存在しなかった」という立派な陰謀論（都市伝説というライトな言い方をされることも多いですが）が誕生するのです。

陰謀論が拡散するエネルギーは、「世の中は善と悪に分かれていて、どこかに世界を操る巨悪がいる」という単純なストーリーの魅力です。政治の世界でも、政敵を巨悪化させて支持を得るポピュリズムの手法は一種の陰謀論といっていいでしょうし、ジャーナリズムの世界でも、自身の有料メルマガなどのコンテンツに人々を誘導するために陰謀論を利用する人は少なくありません。巨悪と戦う姿勢は共感を得やすいのです。リテラシーのある人はすぐに「これはデマだ」「明らかな誇張だ」とわかるので歯牙にもかけませんが、いったん釣られてハマってしまった人は、なかなかそこから出てこられません。たとえ論理的な反証を目の前に提示されたとしても、「真実を隠蔽するための圧力だ」などと言って聞く耳を持たないのです。

人間には、物事を単純化したいという欲求があります。眼科検診で使われる「C」のような形が〝事実〟というものだとすれば、人はついついその隙間を勝手に閉じて、「〇（輪）」にしたくなる。でも、その輪はもはや事実ではありません。

「C」は、遠くから見たら輪に見えます。見極めるにはそれなりの視力と根気が必要です。でも、それを怠けた人は簡単に「○＝陰謀論」にのみ込まれてしまいます。単純な〝気持ちのいい話〟に飛びつく前に、一度立ち止まって考えてみてください。自分だけが真実を知っている……なんて、そうそうある話ではないのです。

表向きは〝漂白〟された日本社会

２０１７年６月、アジア人に対するスラント（＝つり目）という蔑称をグループ名に使用したアメリカのロックバンド「ザ・スランツ（The Slants）」の商標登録をめぐる訴訟で、米連邦最高裁判所がバンド側勝訴の判決を下しました。「差別的な言葉を、差別される側（バンドメンバーはいずれもアジア系アメリカ人）が肯定的な意味で使うのはＯＫ」というバンド側の主張が認められた形となります。

社会の断層が深まる現在のアメリカで、わざわざ差別表現を使う必要はない、使うべきでないとの意見もあり、確かにそれも理解できなくはありません。しかし、その社会で差別的とされる表現を、まるで臭い物にフタをするかのように封印したり、表面的な言い換えで〝漂白〟したりすることが、本当に差別をなくすことにつながるのでしょうか。

ひとつ例を挙げましょう。19世紀、アメリカの奴隷制時代に黒人奴隷たちが口ずさんだ

〝Slave Songs（スレイブソング）〟と呼ばれる歌があります。人々の悲哀や苦しみ、それを乗り越えようとする明るさ、そして当時の労働者ならではの卑猥な言葉も飛び出す生々しい歌詞……。歴史の教科書には載らない〝ヤバさ〟や〝エグさ〟がそこには溢れていますYouTubeなどにも一部アップされているので、興味のある方はぜひ聴いてみてください）。

実は、スレイブソングは長らく、白人のみならず黒人にとっても「振り返りたくない負の遺産」という色合いの濃いものでした。しかし、昨今では黒人たちの間でこれを再評価しようとする動きもあるといいます。アフリカ大陸から強制的に連れてこられた祖先の〝魂の歌〟を知ろう。白人たちの罪を糾弾するためではなく、過去と向き合い、未来の差別をなくすために――と。

そうした前向きな動きを助けたのが、残された当時の記録でした。19世紀後半の米南北戦争前夜、「こうした歌は後世に伝えていくべきだ」と考えた北軍（現在のアメリカ合衆国）側の知識人らは、南部の黒人奴隷たちに直接面談して多くのスレイブソングを譜面に起こし、歌集として出版するなど歴史の保全に努めたのです。

翻《ひるがえ》って、日本はどうでしょうか。戦後もしばらくの間、日本社会ではさまざまな差別がむき出しでした。僕が広島で幼少期を過ごした昭和40年代も、子供が見る漫画やアニメには、東アジアの国々などに対する差別意識、あるいは欧米に対する歪んだ劣等感が生々しく表出していたものです（日米ハーフとして日本社会を生きていた僕は、より敏感にそれを感じ取ったのかもしれません）。

しかし、時代を経るごとに日本の言論空間やメディアは〝漂白〟されていきました。作家・筒井康隆氏の断筆宣言に至った１９９０年代の日本てんかん協会との騒動はそれを象徴するような事件でしたが、それ以降も表現規制はがんじがらめになるばかり。今やテレビのプロデューサーから作家、芸術家、ミュージシャンまで、日本の表現者には「問題を起こしたくない」という体質が染み込んでいますし、近年では例えば『妖怪人間ベム』など過去の名作アニメが再放送される際、多くのセリフに「ピー音」が重ねられてしまうという事例もあります。

漂白されたコンテンツだけの社会が、本当の意味で差別をなくせるのか――。「今その社会で差別とされるもの」は時間の経過とともに消えていくかもしれませんが、しばらくすればまた別の〝差別の芽〟が顔を出すでしょう。差別とは人の心から決してなくならないものだからこそ、正面から向き合う必要がある。表現を表面的に削るだけでは差別はなくならない。それもまた、ひとつの真理なのだと思います。

第5章

日本のメディアに明日はあるか

マスコミの罪とネットの罪

本書ではたびたびポピュリズムやデマ、陰謀論が広がっていく構造について言及していますが、もちろんその過程でメディアが果たす役割は非常に大きいものがあります。社会に煽動が広がるスキができるのは、たいていメインストリームのメディアが弱り、自らの役割を忘れたり放棄したりしてしまっているときだからです。

その点、日本の現状はまったく楽観できません。本来なら社会や政治の〝衆愚化〟にストップをかけ、バランスを取る役割を担うべきマスメディアが、深刻な機能不全に陥っているからです。例えば、テレビのニュース番組が社会のオピニオン形成を補助するため、啓蒙《けいもう》的な立場から複雑な話題を取り上げようとしても、その「お勉強の時間」が退屈だと思われてしまえばビジネスが成り立たない。結局、報道の現場になんの専門知識もない芸能人を引っ張り出して視聴者の興味を引こうとするなど、あらゆるイシューをひたすらエンタメ化するという方向へと舵を切ってしまうのです。

その一例が、福島第一原発の事故に端を発する放射能汚染水問題です。専門家レベルでは、「十分に希釈した汚染水であれば、海に放出しても環境への影響は事実上ゼロに等しい」という意見も決して少なくありませんでしたが、当初からそうした意見を積極的に取り上げたり、科学的な検証を試みたりするメディアは僕が知る限り皆無でした。もしイギリスのBBCくらい質の高いメディアが日本にあれば、左右両陣営からいくら罵倒されようと、鋼《はがね》の意志で実証番組をやったと思います。「汚染水を全部捨てたら、日本の海はどうなるか？」というように。

しかし、日本でその代わりにどんな報道がなされたかといえば、「これ以上、福島の人たちを苦しめるのか！」とただ憤るだけだったり、科学的・客観的な態度を放棄して「実態は私たちにはわかりませんが、怖いですね」などとさじを投げたような物言いに終始したりと、およそジャーナリズムとは呼べないレベルのものがほとんどでした。

汚染水問題に限らず、放射能に対するパニックがあそこまで大きくなったことに関するマスメディアの責任は大きいですし、それをいまだに検証せず放置していることはなおさら罪深い。嘘やデタラメによる煽動はインターネットの力でその影響力を増しており、きちんとしたメディアがその息の根を止めない限り、淘汰《とうた》されずにしぶとく生き残ることができてしまうからです。例えば、原発事故の直後に「放射能汚染で日本には人が住めなくなる」「5年後には放射能でバタバタ人が死ぬ」などと言って、大衆の不安を煽りまくった〝専門家〟がいましたが、彼はいまだにテレビのバラエティ番組に平気な顔で出演している。許されないことだと僕は思います。

情報を集めたり、ものを考えたりするためのツールはいくらでもあるのに、多くの人は一番安直な方向、簡単な結論へ流れる。インターネットがその勢いに拍車をかけ、マスメディアも慌ててそれを追いかける。そんな知的怠慢にポピュリスト政治家やビジネス目的の煽動家が付け入る――。これは100年前のファシズムの流行とはまったく違う、新たなクライシスです。そして残念ながら日本のみならず、どの国でも今のところ現状を決定的に打破する処方箋は見つかっていません。

I

馴れ合いが支配するテレビ

ファクトなき報道合戦

2017年春から夏にかけて世間をにぎわせた、学校法人森友学園への国有地売却を巡る問題、加計《かけ》学園の獣医学部新設問題、そして築地から豊洲への東京中央卸売市場移転問題。どの問題に関しても、テレビを中心とするマスメディアはなんの正当性もない「正義」を掲げ、ひたすら次元の低い見世物報道を繰り広げました。明らかに危険水域を超えた北朝鮮問題ほか、国内外の多くの重要問題を差し置いて。

例えば森友学園。はっきり言えば「おかしな幼稚園」の些末《さまつ》な問題でしょう。それなのに、各メディアは続々出てくる虚実ない交ぜの情報に振り回され、連日のように大きな時間・スペースを割いて報道合戦を展開。やがて問題の本質はどこかへ消え去り、安倍首相の失脚という〝大団円〟を目指してスクラムを組む。どう考えても無理筋です。特に森友学園側から発信された、マスメディア側にとっては「伝聞」でしかない情報を注釈もつけずにそのまま垂れ流しにしたのは、ジャーナリズムの本質から逸脱したメディアの自傷行為だったというしかありません。

豊洲移転問題も同様です。この問題を政治利用したい都知事、それに乗りたい議員や活動家、さらにそれを鵜呑《うの》みにする支持者……。よくある構図ですが、メディアがその流れを加速させたことで事態は明らかに混乱しました。原発事故に絡む放射能の問題とまったく同じように、豊洲の安全性が問題ないということが科学的にほぼ実証されても、「安心できない」と不安をかき立てる側に回る。ファクトを積み上げればもう少しすっきりする問題を、わざわざ陰謀論的な展開に持っていく……。

このような無益な報道合戦が過熱する前から、すでにネット上では、一部の論客が論点を明確に整理した記事をアップしていました。誰にでもアクセス可能なこうしたコンテンツを読めば、いずれの問題も基本的には〝茶番〟にすぎず、政界を揺るがすような深刻なテーマではないということはわかったはずです。

そうしたコンテンツの書き手の多くはプロのジャーナリストではなく、普段は別の仕事をしている〝シロウト〟ですが、その指摘はしばしばどの報道よりも的確です。これはひと言で言えば、「騒ぎを大きくしたい」「長引かせたい」メディアと、純粋に問題を俯瞰《ふかん》できる人々の差なのでしょうが、それにしても、どちらがプロかわかったものではありません（もっとも、ネットにはトンデモな自説を垂れ流す低レベルな書き手も山ほどいますが）。

マスメディアの中にいる人たちが、こうした冷静な指摘を読んでいないとは考えにくい。つまり、彼らがどんな与太話にも正義を振りかざすのは知的怠慢ではなく、確信犯的な悪意あってのことかもしれません。しかし、本来は自ら能動的に取材し、ファクトを提示するべきメディアがその役割を放棄し、野党などによる「権力叩きショー」に加担し続けたことの罪は重大です。後になって振り返れば、政治以上に信頼を失ったのはメディアだった……ということになるかもしれません。

その背景を、メディア（ここでは最も典型的なテレビを取り上げます）側とユーザー（情報の受け手）側の両視点から、もう少し掘り下げてみましょう。

よく言われることですが、日本のテレビの異常さは、①電波割り当てや記者クラブといった仕組みに守られていること、②そのため表向きは「不偏不党」をうたいながら、実際にはそれを都合よく解釈し、大衆がニュースから受ける印象の〝操縦桿《かん》〟を握っていることにあります。はっきり言ってしまえば明らかに「守られすぎ」ており、そのぬるま湯に甘えたさまざまなごまかしがある。にもかかわらず、視聴者もそれに慣れきってしまい、何も感じなくなっているのです。

一方、例えばアメリカではＣＮＮやＦＯＸといった大手テレビ局から独立系放送局に至るまで、イデオロギーを特化させたりニッチを狙ったりと、開かれた市場でユーザーを取り合っています。そしてアグレッシブにネットでも発信し、新しいビジネスにつなげることに腐心しています。その進化の過程でフェイクニュースのような〝魔物〟が生まれることもありますが、いまだに報道番組の動画をネットに出し渋ることが多く、高齢者をメインターゲットにすることで延命している日本のテレビ局とは大きく違います。

こうした日本のメディアが生み出したのは、どこまでも受け身で、情報に踊らされる人々です。その危険性を戦前のファシズムに重ね合わせる声もありますが、平均年齢の若い国民が限られた情報の中で熱狂したかつてのナチスドイツと、低成長・高齢化社会で活力を失った人々が過剰に溢れる情報を「好きか嫌いか」で偏食し続ける現代日本ではまったく比較対象になりません。それはファシズム前夜というより、イギリスの映画『ライフ・オブ・ブライアン』の世界のようだと僕は感じます。

コメディグループのモンティ・パイソンが製作し、1979年に公開されたこの超問題作の舞台は、西暦33年のエルサレムです。主人公は、イエス・キリストの隣の厩《うまや》で同日に生まれたユダヤ人青年ブライアン。彼はひょんなことから救世主と間違えられ、どれだけ否定しても信者が増え続け、最後はついにローマ帝国に目をつけられ、なんと磔《はりつけ》の刑に……。そんな悲劇を、徹底したコメディタッチで描いています。

そこにあるのは、ヒトラーのファシズムを支えたような熱狂や興奮ではありません。何も考えられない、考えたくない人たちが、ウソでもなんでも簡単に信じ込み、当惑する本人をよそに「この人についていきたい、任せよう」と雪崩を打つ群集心理の恐ろしさ、くだらなさです。

今の日本は、どちらかというとこのような社会ではないでしょうか。「あいつが救世主だ」とか「あいつを引きずり下ろせ」というインスタントな〝情報の流動食〟を人々が食べ続ける限り、〝脳の生活習慣病〟が治ることはなく、延々と同じことが繰り返されていくのかもしれません。

テレビがつくり上げた「小池劇場」

今も昔もテレビというメディア装置には、大衆を惑わせる魔力があります。アメリカ政治史において、最初にそれを最大限に利用したのは、日本でも有名なあのJ・F・ケネディでしょう。共和党のリチャード・ニクソンと戦った1960年の米大統領選挙で、ケネディが勝利した最大の要因は「テレビ映り」だったといわれています。

選挙中に行なわれたテレビ討論会での両者のディベートは、発言を文字に起こしたものを冷静に読み比べてみれば、ニクソンのほうが説得力のある内容でした。ところが、白黒はっきりしたトーンのスーツを着こなし、メイクもばっちり決め、自信満々な態度で乗り切ったケネディのほうが、視聴者に与えたインパクトは大きかったのです。こうした傾向は後の大統領選挙でもしばしば見られ、例えば1976年のジミー・カーター、1980年のロナルド・レーガン、1992年のビル・クリントンの勝利には、テレビ討論での「印象」が大いに影響を与えたとされています。

近年の日本政界で、こうしたテレビの特性を最も理解し、うまく利用した政治家は誰かといえば、それは間違いなく小池百合子氏でしょう。

彼女は元キャスターという経歴もあり、要所要所で「アウフヘーベン」「ワイズスペンディング」「インシャーアッラー」といった印象に残るカタカナ語を使うなど、いかにもディレクターが喜ぶような〝テレビキャッチー〟な振る舞いをする能力が極めて高い。そして、発言内容の具体性や一貫性よりも、スピードとタイミングと露出が命という姿勢です。そのフォトジェニック、テレジェニックな部分に抗えず、各局は彼女の顔を映す時間が長くなる。テレビが映すから支持率が上がり、支持率が上がるからまたテレビがこぞって取り上げる……。

よくよく彼女の発言の〝遍歴〟を振り返ってみると、原発政策にしろなんにしろ、変節だらけの政治家であることは明らかです。また、国政から転じた2016年の東京都知事選挙でも、2017年の衆議院議員選挙で再び国政に手を突っ込んだときも、チャレンジャーの立場をいいことに「改革」や「しがらみ打破」といったワンフレーズの訴えに終始し、具体的なことはほとんど口にしませんでした（まるで「メイク・アメリカ・グレイト・アゲイン」とひたすら連呼したトランプのようです）。そういった点に関し、ネットなどでは根強い批判があるのですが、テレビの視聴者の多くにはそんな議論は届かない。もちろん、それぞれの番組には小池氏の資質に疑問を呈する識者も出演していますが、テレビという装置自体が小池氏の存在を欲しているだけに、所詮は〝甘噛《が》み〟に終始してしまうのです。

都知事選挙の際、僕は報道番組の取材で小池氏の選挙カーに同乗したことがあります。そのときに痛感したのは、主に主婦層や働くママ層からの、まるでロックスターのような小池氏の人気ぶりです。おそらく彼女に最も大きな期待を寄せているのは、日本の旧態依然とした男性優位のオヤジ政治、オヤジ社会に虐《しいた》げられたり、うんざりしている人々なのだと思います。彼女はこれまでの政治家とは違う、女性代表として劇的に何かを変えてくれそうだ、この社会に風穴を開けてくれるに違いない。そういった思いをひしひしと感じました。実際のところは、小池氏はふんわりと〝女性の味方〟のような雰囲気をつくり上げているだけで、本来フェミニストが取り組むべきイシューにコミットした形跡はまったく見受けられないのですが。

人々に期待を抱かせるという意味で、小池氏が大変なやり手の政治家であることは疑いようがありません。そのやり手っぷりにテレビを中心とするマスメディアが迎合し、それを見ている人がまた勝手に自分の理想を投影する。この3者が互いに作用し合うことで、

「小池劇場」という〝三つ巴ポピュリズム〟が完成するのです。

「日本を褒める外国人」という奇妙な枠

近年、NHKでも民放でも〝日本礼賛型〟のバラエティ番組が明らかに増えています。そこで重用されるのが、流暢《りゅうちょう》な日本語でひたすら「日本は素晴らしい」と言ってくれる外国人タレントです（実は、僕もこの役割を求められることがあります）。

当たり前の話ですが、実際にはそういう「日本語ペラペラな外国人」はごく一部にすぎず、残りの99・9パーセントは「日本語を話せず、日本に興味もない」人々です。しかし、そんなことすら考えもせず、多くの人が無邪気に喜んでいるという現状は、実はかなり深刻なのではないでしょうか。

この〝日本礼賛〟に代表されるメディアの劣化は、ドキュメンタリーや報道のジャンルにも表れています。テンプレート化した「お涙頂戴《ちょうだい》」のストーリーに合致する答えだけを探し、切り貼りしていく。取材に十分なリソースを割かず、専門家でもないコメンテーターに「あらかじめ決まった結論」を語らせる……。テレビも紙媒体もネットも、一様に〝落としどころ主義〟が横行してファストフード化しています。

もちろん海外にもファストフード化したメディアはありますが、英語圏では優秀なジャーナリズムがトップに君臨しているため、ある程度の淘汰作用が働き、影響力のあるメディアはあまり乱暴なやり方はしません。こうした競争が起こらないのは、日本語という〝ガラパゴス〟の弊害でもあるのでしょう。

そのためか、多くの日本人はメディアに対して客観的に批評できるだけの「目」を持っていません。例えば、かつてテレビ朝日の『報道ステーション』に自民党政権から圧力があった、なかったという騒ぎがありましたが、あれも視聴者が「テレビ」や『報ステ』という看板を過大評価していたから起きたことです。「そもそもあの番組は、小さな〝カンシャク玉〟を投げては騒ぐファストフード・ニュースじゃないか」という冷静な視点があれば、賛否どちらの意見もあそこまで熱くはならなかったでしょう。

メディアは一方的に劣化しているわけではなく、受け手側のニーズに応えて「作品」をつくっています。そのニーズをひと言で表せば、こうなるでしょう。

「毎日、驚きや感動が欲しい」

インスタントにカタルシスを感じたいという需要に応じて、メディアは意図的に人間の心理をくすぐる「感動的なネタ」や「わかりやすい怒り」を提供し続ける。すると、受け手側はだんだんリテラシーが低くなる――はっきり言えば「バカ」になる。それに合わせて、本当は複雑な現実をよりインスタントに、4コママンガ的な単純な展開に落とし込んだ「作品」がまたつくられていく。この共依存の結果、全体の知的レベルが下がっていく……。完全に負のスパイラルです。

もはや、作り手の側からこの状況を変えることは非常に難しいと言わざるを得ません。まずは受け手の側が「バカな消費者」を脱するしかないでしょう。依存症の更生プログラムに着手し、意志を持ってマーケットに「ファストフードは食べない」というシグナルを出す――つまり、レベルの低いメディアは相手にしない。現実の本当の面白さを提示してくれる、噛み応えのあるメディアをきちんと評価できる体力をつける。そうした〝外圧〟によって、少しずつメディアの側も変わっていく可能性はあると思います。

『朝生』の時代は終わった

憲法改正や原発の問題に関する議論を目にするたび、申し訳ないのですが「不毛」という言葉が頭をよぎります。

憲法改正に賛成か反対か。原発再稼働に賛成か反対か。マスメディアなどの世論調査やアンケートでよく使われる「2択」は、実はまったく論理的ではありません。質問の文面に世論誘導のタネが仕掛けられていることもありますし、何より多くの質問は「状況によるわな」としか言いようがない聞き方をしているからです。

例えば、あなたがいる場所のすぐ近くで戦車が砲撃を行ない、ビルが破壊され、知り合いも殺されました。あなたは銃を手に取りますか、それとも逃げますか？　……状況によりますよね。憲法も安保も原発も、本質的にはそういうテーマのはずです。それなのに、状況を一切排除して2択で聞くというのは、もはや一種のトリックでしかない。日本の言論空間は、このトリックを半ば放置してしまっています。

この状況を打ち壊すためのポイントは、「3つ目の選択肢」です。アメリカのCNNやイギリスのBBCの討論番組は、『朝まで生テレビ』のような2陣営対決型ではなく、テレビ画面を3つに割っていることが多い。「0」と「1」以外の新たな提案、もしくは妥協案が生まれるようにするための知恵です。

3番目の人は、もちろん中立に近いと理想的です。例えば、右（憲法改正派）のほうを向いて「今まで日本は散々9条を利用してきましたよね。今後もそれを続けたほうが楽じゃないですか」と言い、左（絶対的護憲派）のほうを向いて「あの程度で戦争法案というなら、軍事パレードをやっている中国はなんなんですか」と言う。ポジショントークではなく、「本当のこと」を言ってしまうという役割です。

また、かき乱し役と考えれば、必ずしもバランスの取れた人である必要はなく、むしろ一番むちゃくちゃでもいいと思います。いずれにしても、お互い妥協する気のない〝お約束〟の2陣営対立に、どんな形でもノイズが入れば、コントロールできないディベートになる。ゲームの種類が変わった途端、互いに妥協点を探して、話が急に前に進むというのはよくある話です。

なかにはそういうノイズ自体を忌避する純度の高い人もいるでしょうが、そういう人々は、申し訳ないけれどパンの耳のように両側から切っていくしかありません。妥協できない人を削っていった先にアジテーション抜きの冷静な議論があり、どこかに着地点が見えてくるのですから。

世論調査やアンケートにしても、2択ではなく5択、6択……としていけばだいぶ変わるはずです（「絶対反対」「やや反対」といったあやふやな選択肢をいくら増やしてもダメですが）。例えば、両極に「自衛隊放棄」と「核武装」があって、その間には「全部現状維持」とか、「米軍基地は減らし、自衛隊強化」とか、逆に「安保法制はダメだけど米軍は維持」……といった具合に、いろいろな選択肢を提示するのです。これなら回答者も真剣に考えるでしょう。今、メディアが提供すべきはこういう視点です。いつまでも馴れ合いを続けるほど日本に余裕はありません。

オール・イン・ザ・ファミリーが必要だ

１９７０年代に全米を席巻し、全盛期には毎週５０００万人が視聴した『オール・イン・ザ・ファミリー』というテレビドラマをご存じでしょうか？

まずは時代背景を説明しましょう。1960年代、アメリカの若者は戦争反対、公民権推進、フェミニズム推進といった反体制・反保守運動に熱狂し、フラワーチルドレンと呼ばれました。彼らの間に「大人には何を言ってもわからない」という空気が広がった結果、社会は保守的な大人と変化を望む若者に分断されていきます。

このムーブメントは「サマー・オブ・ラブ」と呼ばれた1967年夏に最高潮を迎えましたが、翌1968年の大統領選挙で保守的な共和党のニクソン政権が誕生したことを契機に、だんだんしぼんでいきます。ニクソンの当選という現実を「陰謀だ」と決めつける若者もあり、「理想を叫ぶだけでは社会は変わらない」と、それまでの手法に疑問を抱く若者もあり……。そして1970年代に入ると、「あの熱狂はなんだったのか？」という〝振り返り〟がブームになりました。

そんななか、1971年に始まったのが『オール・イン・ザ・ファミリー』。超保守的な港湾労働者のガンコおやじと、社会正義に燃えるリベラルな（でも定職がなく実家に居候《いそうろう》している）娘夫婦との価値観の衝突を描いたホームコメディです。その脚本は、当時としては「超進歩的」といっていいほど優れていました。人種、移民、同性愛、宗教、中絶、ベトナム戦争、社会保障……など、あらゆるタブーや政治イシューを巧みに「ネタにした」のです。

なかでもヒットの最大要因は、父アーチー・バンカー（役名）のキャラクターでしょう。

ニクソンを尊敬するガチガチの共和党支持者で、黒人など非白人やユダヤ人、東欧系移民、女性、同性愛者などに対する差別心むき出しなのですが、絶妙なキャラ設定によって「本音を隠せないコミカルおやじ」として受け入れられました。例えば黒人への蔑称も、絶対禁句の〝nigger《ニガー》〟は使わないけれど、〝coon《クーン》〟〝spook《スプーク》〟といった古くてダサい差別表現をあえて言わせることで、ギリギリ笑いとして許される……といった具合です。

面白いのは、学もなく古い価値観に縛られた父が、社会学を学ぶポーランド系移民のインテリで、さまざまな運動に参加する娘婿の進歩的な意見を「クソリベラルの戯言《ざれごと》」と一刀両断し、しばしば言い負かすことです。そこには、若者がどんなに理想を語っても大人たちを説得できない現実が象徴的に描かれていました。一方、たまには父親側が折れることもあり、そこから「時には妥協しながらも粘り強く交渉していけば、世の中は少し動くこともある」というメッセージも発していたように思います。

若者はこのコメディを通じて、大人たちの言い分にも一理あることや、そこに至った歴史的背景や事情を学んだ。大人たちも、アーチー・バンカーの度が過ぎた保守思想や差別主義を見て、笑いながらも自省する部分があった。コメディを通じ、多くの国民をリベラルな政治議論に巻き込んだ手法は見事でした。

考えてみれば、当時のアメリカと現在の日本は重なるところが多いと思います。反原発、反辺野古《へのこ》といったリベラルな運動は、なぜ社会の多数派にならないのか？　そのことを知るために、特にリベラル系のテレビ局は、今こそ日本版『オール・イン・ザ・ファミリー』をつくるべきではないでしょうか。アーチー・バンカー役にはぜひ石原慎太郎さんを推薦したいと思います（笑）。

2

「海外メディア」にご用心

情報不足の翻訳記事

ああ、もどかしい――。海外のニュースに関する日本のマスメディアの報道を見ると、しばしばそんな思いに襲われます。

例えば2017年2月1日、米トランプ大統領を支持する識者がカリフォルニア大学（UC）バークレー校で講演した際、大規模な抗議デモが発生し、一部が暴徒化したというニュース。『朝日新聞デジタル』は日本時間同月3日、【反トランプデモが暴徒化、米大学閉鎖　講演会場に花火も】との見出しで、次のように伝えました。

〈（前略）トランプ大統領を支持する英国人コメンテーターが講演することに反対する若

者たちのデモが暴徒化し、大学が閉鎖された。（中略）講演する予定だったのは、保守的なニュースサイト「ブライトバート・ニュース」のミロ・イアノポウロス氏。数千人が集まったデモは、当初は平和的だった。ところが黒装束姿の数十人が加わり、講演会場に花火などを投げつけたり、窓ガラスを割ったりした。講演は中止された。（後略）〉

……間違ったことは書かれていません。しかし、あまりにも逐語訳すぎて、物事のニュアンスや事件の背後関係がまったくわからないのです。

まず、講演する予定だった英国人コメンテーターは、「ミロ・イアノポウロス」ではなく「マイロ・ヤノプルス（あるいはヤノポロス）」と表記すべきでしょう。第１章で詳しく触れたとおり、マイロはトランプ大統領誕生を強力に後押しした極右ムーブメント、Ａｌｔ‐Ｒｉｇｈｔのアイドル的存在です。また、記事ではブライトバート・ニュースが「保守的」と書かれていますが、実際にはそれどころの騒ぎではなく、あらゆるマイノリティや女性への差別を隠そうともしない「極右」なニュースサイトです。

さらにいえば、今回の講演会はマイロが２０１５年末から続けてきた全米講演行脚《あんぎゃ》のファイナル。一方、ＵＣバークレー校は言わずと知れたリベラルの総本山。そして、その５日前にはトランプが一部イスラム圏国からの入国禁止令を出したばかり……と、どこからどう見ても、炎上する要素満載の舞台設定でした。

また、暴徒化した黒装束の正体も記事ではわかりませんが、彼らは「ブラック・ブロック」といい、元は1980年代の欧州で生まれたアナーキスト集団です。トランプ大統領の就任日にもあちこちで暴徒化していたように、要は古くからの左翼活動家が〝トランプ祭り〟に便乗して暴れているという図式でした。

こうした予備知識を持って、再び日本語訳の記事を読んでみてください。重要なポイントがあちこちで不足している上、「反トランプデモが暴徒化した」という見出しも、あまりにも乱暴すぎるということがよくわかるでしょう。

今回はたまたま朝日の記事を例に挙げましたが、基本的にはどのメディアも同じです。多くの日本語訳記事では、コンテクスト（文脈）がごっそり抜け落ちており、ニュースの背後関係や本当の意味が伝わらない。それどころか、時には誤解（今回の例でいえば、「トランプも悪いのかもしれないけど、反対派もひどいな」というような的外れな感想）を生んでしまうことになるのです。

メディアの努力が足りない、などと一刀両断にするつもりはありません。文字数制限などの問題もあるでしょう。しかし、日本メディアの薄い記事や、背後関係をまったく読み取ってくれない機械翻訳に頼るばかりでは、英語圏のまともな情報は入ってこないということは知っておく必要があります。それに気づきもせず、「これって日本でいえば○○と同じだよね」などと議論する〝日本に置き換える病〟の空虚さよ――。

ＮＹＴ東京支局の迷走

『ニューヨーク・タイムズ（ＮＹＴ）』の名前を知らない人はいないでしょう。160年以上の歴史を誇り、トーマス・フリードマンなどピュリツァー賞受賞歴のあるジャーナリストが執筆陣に名を連ねる、国際的に大きな影響力のあるアメリカの大手高級新聞です。ただ、その本体の素晴らしさとは裏腹に、なぜか近年のＮＹＴ東京支局は〝劣化〟としか言いようのない迷走を続けています。

例えば２０１５年2月、ＩＳが人質に取っていた日本人ジャーナリストを殺害したと発表した直後の、安倍首相の声明をＮＹＴ東京支局はどう報じたか。当時の東京支局長の署名入りで発表された英文記事の見出しは、「安倍は復讐を誓う、日本は平和主義から離れようとしている」というものでした。

ところが、首相官邸のホームページに掲載されている公式声明と見比べてみると、この見出しは明らかに飛躍しています。首相は「テロリストには罪を償わせる」と言ったのですが、これは「国際社会と連携する」という意味合いで、平和主義がどうこうという内容ではまったくありませんでした。ＮＹＴ東京支局は意図的に発言の一部を切り取り、ニュアンスを曲げて報じたわけです。

こういう英文記事が「ＮＹＴ」の名前で発信されると、海外の人々に大きな誤解を与えます（読者からすれば、それが東京支局発だろうとアメリカの本社発だろうと関係ありません）。さらに困ったことに、それを日本の左派メディアが「海外メディアはこう報じた」と〝逆輸入〟することで、日本人までもミスリードされてしまうという副作用もありました（この記事を国会で取り上げて騒いだ左派議員もいました）。日本語と英語の政治記事のニュアンスをくみ取れるようなバイリンガルは非常に少ないので、こういった事例がきちんと事後検証されることはほとんどないのですが……。

この一件に限らず、ＮＹＴ東京支局の最近の報道は、ＮＹＴ本体のジャーナリズムと比べると控えめに言ってもかなりレベルが落ちます。本体がそのクオリティに対して何も言わないのは不思議な気もしますが、おそらく、アメリカではそれだけ日本の話題の重要度が下がっているのでしょう。国内ではトランプ旋風が起き、海外でも中東では日々、子供が空爆の犠牲になっている――そんなご時世に、憲法９条がどうとか、辺野古のサンゴがどうとか、そういった〝ローカルニュース〟を東京支局がどう報じようと、知ったことではないのかもしれません。

BBCという良貨は悪貨を駆逐するか？

ただ、NYT東京支局の例は決して特殊ではありません。残念なことに近年、日本にいる「外国人記者」の質は目を覆いたくなるほど劣化しています。日本外国特派員協会（FCCJ）にも、良質な記事を書く記者もまだまだいる一方、ジャーナリストとして訓練を受けたこともないのでは……というレベルの人も少なくない。そんな〝なんちゃって記者〟が、日本に関するトンデモ記事を英語で乱発してきたという実態があります。

日本が〝エコノミックアニマル〟と呼ばれ、世界の中心で輝いていた時代には、後にピュリツァー賞を受賞した元NYT東京支局長のニコラス・クリストフなど、優秀な記者がたくさんいました。ところがバブル崩壊後、「失われた20年」を経て、次第に日本の国際的な注目度は低下し、優秀な外国人記者も姿を消していったのです。2000年代に入ると、日本に関する英語報道は質量ともにはっきりとグレードダウンし、「エロとアニメとロリコンの国」という切り口のネタ記事がしばしば配信されるのが目立つ程度でした。

しかし、2011年の東日本大震災で放射能という〝燃料〟が供給されると状況は一変し、〝自称ジャーナリスト〟たちが、ここぞとばかりに歪んだ報道を垂れ流すようになります。彼らは日本の左派メディアやタブロイドメディアと急接近して、科学的根拠を無視した放射能関連のトンデモ記事を量産し、それに読者が飽き始めると、今度は「安倍政権が戦争の準備をしている」といった〝右傾化ネタ〟で煽り散らすようになったのです。それが回り回って、韓国や中国が海外で繰り広げる反日ロビー活動に説得力を持たせてしまうという副作用もありました。

日本に関するトンデモ記事は、厳しいチェックを受けることなく国内外で定着してしまうことが多いのが特徴です。その原因は、日本メディアが英語で正確な情報を発信してこなかったことに加え、英語をきちんと理解できないのに海外メディアを無批判に礼賛する日本人が多いこともあるでしょう。これは覚えておいていただきたいのですが、何かあるたびに「海外メディアも日本の右傾化を憂いている」などと印籠《いんろう》のように持ち出してくる人には気をつけたほうがいいと思います。実際はその記事自体が日本の左派メディアの受け売りであることがほとんどだからです。

この状況は相当に深刻ですが、一方では期待したくなる動きもあります。あのBBC（英国放送協会）が、2015年10月に日本語版ニュースサイト『BBC.jp』をスタートさせたのです。

日本をめぐる英語報道の現状を変えていくには、結局のところ「良貨は悪貨を駆逐する」――つまり、良質な報道と、それを評価する読者を増やしていくしかありません。BBCによる世界基準のジャーナリズムが日本語に翻訳され、配信されることで、日本人が世界の「本物のニュース」を知るようになっていくことを期待したいですし、何より日本の情報がより正確な形で、海外に広く伝えられるようになるといいと思います。

ここで強調しておきたいのは、いい面も悪い面もフラットに報じてもらうことこそが、日本にとってプラスに働くということです。もし日本に対するネガティブな報道があったとしても、それが（結論ありきの日本叩きではなく）的を射たものなら、批判を受け止めて報道を評価しなければなりません。そうすれば、ＢＢＣも日本市場のビジネス的な価値を認め、よりリソースを割いてくれるでしょう。

才能のある本物のジャーナリストが真剣に「日本」を英語で報じ、同時に海外の良質な報道が入ってくることで、いいかげんな仕事をする国内外の〝なんちゃってジャーナリスト〟が淘汰されるのなら、これほど素晴らしいことはありません。

3

インターネットというカオス

コロッセオ化したネット論壇

インターネットがまだ一般的ではなかった１９９０年代中頃に誕生した『あやしいわーるど』というアンダーグラウンド系サイトをご存じでしょうか。『２ちゃんねる』の原形になったような匿名掲示板で、ユーザー同士が公序良俗に反するタブーな情報を書き込み合っていました。

ただ、当初はそれなりの知識がないとサイトにたどり着くことすらできなかったので、ユーザーのＩＴリテラシーや知的レベルも高く、いうなれば〝秘密クラブ〟のような面がありました。そのため、匿名掲示板特有の露悪的な雰囲気のなかにも「聖域を守ろう」という共通意識があり、程よく秩序が保たれていました。

ところが、次第に有名になってユーザー数が拡大するにつれ、ただ罵倒するだけ、場を荒らすだけの人が増え、その言論空間は徐々に綻《ほころ》び始めていきます。そして、すっかり荒れ果てた２０００年代初頭、サイトは閉鎖してしまいました。

それから15年ほどたった今、また同じようなことが起きています。スマホの普及で多くの人が自分の意見を手軽に発信できるようになった結果、ツイッターやフェイスブックは「友達を見つける」「建設的な話をする」といった当初の使い方から大きく離れ、極端な主張の温床となり、人々を政治的に煽動するための道具と化しつつあります。そんな空間に疲れた人、嫌気が差した人はだんだん離脱し、残った人々はより攻撃的に罵《ののし》り合いを続けている……というのが現状です。

そうした衆愚的空間の中で、最近では、実名で言論活動している僕のような人間に妙な期待を寄せる人も多くなってきました。

例えば原発問題にしろ安保問題にしろ、僕と考えの異なる言論人や政治家はたくさんいます。そういう人を信じるも信じないも個人の自由、というのが僕のスタンスですが、なかには「そんなバカなヤツは追い込んでやれ！」とばかり、僕を〝代理人〟に見立てて戦わせようとする人がいる。古代ローマのコロッセオ（円形闘技場）で皇帝ネロがクリスチャンを猛獣に食わせたり、人間同士を戦わせたりしたことに熱狂した群衆と同じような心理なのかもしれませんが、「血を見たい」という欲望をひしひしと感じるのです。

彼らの多くは、自分は匿名でなんのリスクも負わず、勝手に誰かを神輿《みこし》に乗せて「敵」と戦わせ、縁の下の力持ちだという自己満足に浸る。心の中に、血に飢えたモンスターが潜んでいることにも気づかずに。

これはネットだけの問題ではありません。今やマスメディアまでもがネット上の不毛な論争や煽動に自ら首を突っ込み、確信犯的に巻き込まれるような手法をとり始めています。あるいは、ソーシャルメディアでの反応を気にするあまり、「RT（リツイート）」や「いいね！」や「シェア」されるためだけに作ったような記事や報道が溢れています。

人々が「群衆」になり、タガが外れる。それを見たメディアが、さらなる炎上を期待して薪《まき》をくべる。すると、群衆の沸点がますます低くなる……。このような〝タガ外しビジネス〟にいったん手を出してしまうと、点と点をきちんとつなげて、細切れにできないアナログなストーリーを組み立てるような力は失われてしまうでしょう。衆愚の極み――僕は正直、そんな流れに飛び込む気はありません。

「マスゴミ」というファンタジー

「マスコミが黙殺する真実」「マスコミはなぜ報じないのか」。原発や安保、あるいは選挙などの政治的トピックが盛り上がったとき、ネットやタブロイドメディアで必ず飛び交うのがこういった類いのキーワードです。

大前提として、テレビ、新聞、大手雑誌などのマスメディアが売り上げの面でも内容の面でも凋落《ちょうらく》しているのは間違いありません。その原因はさまざまでしょうが、ひとつは現代社会において「マス」が消滅したことです。（実際はどうあれ）〝単一民族〟などといわれる日本人ですら、昔に比べればはるかに価値観が多様化し、一丸となって「日本頑張れ」などとウエットな思いを共有することは難しい時代になりました。

そんななかでマスメディアは、なんとか「お客さん」の多いほうに寄っていこうと四苦八苦し、本当はとても複雑な現実を紙芝居のように簡単なフォーマットにねじ込んで報じるという方向へシフトしています。それに慣れた視聴者や読者は、「もっと簡単に」「もっとズバッと」「もっと気持ちよく」と甘える。メディア側は「求められているから」と、また無責任に応じる。そこには両者の怠慢な共依存関係があります。

しかし一方で、そんなマスメディアを「マスゴミ」などとくさすのも、多くは非常に残念な人々です。SNSなどでそういう人たちが喜々として拡散する「マスコミが報じない真実」は、たいていの場合、実際にはすでに報じられている。あるいは、報じるわけがないほどどうしようもない陰謀論だったりする。ちょっとした確認の手間もとらず、「マスゴミ」というファンタジーに依存しているわけです。

２０１６年7月の参院選では、東京選挙区から立候補したミュージシャンの三宅洋平氏が「選挙フェス」と称する独特の演説スタイルで大群衆を集め、いろいろな意味で注目されました。彼は昔からユダヤ陰謀論、EM菌、ホメオパシー、サイエントロジー、反医療、反マスコミ……など、数々のカルトまがいの言説を発信あるいは擁護してきた〝陰謀論の総合商社〟のような人物です。もちろん選挙で誰を支持しようが個人の自由ですけれども、彼に心酔した支持者たちが熱に浮かされて多くのデタラメを検証しようともしないのは、知的怠慢と言うしかありません。

また、ご本人がどこまで意識しているかはわかりませんが、とにかく情緒に訴えかける言葉、そして音楽や映像を織り交ぜたその煽動方法は、彼が声高に批判する広告代理店やテレビ局が長年駆使してきたテクニックそのものでした。彼はマスが消滅した現代社会で、「みんなの連帯」という幻を叫んだのです。俺についてくれば、暖かいこたつのような一体感、ばあちゃんが作ってくれたおにぎりのようなぬくもりがあるんだ……。

凋落しつつあるマスメディアに依存する人も、それを批判する煽動者に熱狂する人も、実は根っこはそれほど変わらないのかもしれません。

「集合知」という幻

2011年3月の東日本大震災、そして福島第一原発事故以降、ソーシャルメディア上ではリベラル左派の声が主流派となる時期が長く続きました。にもかかわらず、現実の国政選挙では常に逆の結果が出続けていたのはご存じのとおりです。今まで声を上げられなかった「善良な市民」がSNSで意見を発信し、議論し合い、みんなの知恵で世の中を変える――そんな「集合知」なるものへの期待は、残念ながら幻想にすぎなかったと認めざるを得ない時期に来ているのではないでしょうか。

僕もかつては集合知による社会の変革を夢見ていました。特に2010年末から始まった「アラブの春」の頃は、SNS革命という世界的ムーブメントに興奮し、中東から発信される生々しいツイートを日々、熱を持って実況したものです。

しかし、日本では「3・11」の直後から、古臭い主張を繰り広げる左派がツイッターに跋扈《ばっこ》し、反原発派の拙《つたな》いレトリックや陰謀論が怒りの感情とともに大拡散されていきました。僕はそこで気づいたのです。このツールは良いものでも悪いものでもない、ただの〝拡声装置〟にすぎないのだ、と。

「権力者は悪で、集合知が一番正しいんだ」という発想は一種のアナーキズムといえると思いますが、声を上げるだけで簡単に原発をなくせたり、少子高齢化が解決したり、格差が解消するなどということはあり得ません。もちろんそこで建設的な議論が起きることもあるにせよ、多くの場合はひどいデマすら排除されず、稚拙な思い込みや願望が仲間同士で共有されるにとどまってしまった。それなのに、人々は自分が信じたい（本当かどうかもわからない）情報だけを共有し合い、「いつしか自分たちの理想が実現するのではないか」と錯覚してしまう――いうなれば〝偽薬効果《プラシーボ》〟の蔓延《まんえん》です。

もっとも、これは日本固有の現象ではありません。2016年の米大統領選挙の候補者争いでも、民主党のバーニー・サンダースはＳＮＳ上で若い世代を中心に支持を伸ばしましたが、「金持ちの資産を再分配すれば世の中はよくなる」というような「0か100か」の世界観が現実世論の主流になることはありませんでした。結局、「アラブの春」が社会を変えたのはあくまでも「正しい問題設定」が存在したからであって、ＳＮＳという装置はそれを加速させただけだったのでしょう。

英語圏では最近、〝SJW（Social《ソーシャル》 Justice《ジャスティス》 Warrior《ウォリアー》）〟というスラングが流行しています。自分たちが考える「社会正義」のためにＳＮＳで他人を攻撃し続け、かえって世の中を窮屈にしている人たちを揶揄する呼称です。先進国においてＳＮＳという装置は今のところ、こうした〝正義の暇人〟に遊び場を与えているだけなのかもしれません。

僕には、今のネット言論の状況が不動産バブル崩壊前夜の日本に重なって見えます。もちろんツイッターやフェイスブックという場がバブルのようにポシャッと潰れるわけではないのですが、結局はひとりひとりが自分の頭で考え、誠実に議論するしかない。そこに早く気づいたほうがいいと思います。

「ウェブポピュリズム2・0」の時代へ

２０１０年代の前半を席巻したツイッターやフェイスブックなどのＳＮＳに代わって、

最近は全世界でライブストリーミング市場が急拡大しています。ＢＢＣの報道によると、アメリカでは18歳から34歳の若年層の６割以上がライブストリーミングを視聴し、かつ４割以上がなんらかの配信をしているそうです。また、中国のエンターテインメントライブストリーミング市場もすでに約７３００億円にまで拡大しており、２０２１年までに世界全体の市場規模が700億ドル（約８兆円）になるとの予測もあります。

その背景には、スマホのコモディティ化、通信インフラの整備、その他諸々の技術革新により、ＣｔｏＣの動画配信がかつてないほどお手軽化したという事情があります。僕は約20年前、脆弱なインフラとＣＰＵをフル稼働させ、まるでヒマラヤ山脈の山頂同士を糸電話でつなぐような〝綱渡りの動画配信〟をして興奮していた記憶がありますが、あの頃のことを考えれば、まさに隔世の感があります。

当時は、ＩＴリテラシーが異常に高いギーク層だけが動画配信を嗜《たしな》んでいました。しかし、今や猫も杓子《しやくし》も動画を手軽に生配信でき、世界中の人がそれをストレスなく視聴できる。これほどの「革命」は、しばしば混沌《カオス》をつくり出します。プチ炎上くらいなら自己責任でいいと思いますが、10代のポルノ、ストーカー被害、自傷行為や自殺の実況など、あらゆる〝負のプライバシー行為〟が個人の承認欲求のタネになったり、時には収入源にもなったりするような状況を「それも時代の進歩だ」と能天気に見過ごすことはできないでしょう。

僕が特に恐れているのは、この〝人類総配信時代〟が世論や人々の意識を歪めていくことです。なぜなら、ユーザーに「場」を提供している新興のネット系メディア企業は、往々にして社会的・道義的責任について極めて無頓着だからです。

「自分たちはメディアではなく、あくまでもプラットフォームだ」

かつてフェイスブックのマーク・ザッカーバーグCEOはそう説明しましたが、その後、〝巨大メディア装置〟に成長したフェイスブックで拡散されたフェイクニュースが米大統領選挙などに大きな影響を及ぼし、現実の世界をねじ曲げてしまったのは周知のとおりです。おそらく今後力を持つ多くのライブストリーミング配信事業者は、フェイスブックよりもさらに無責任な振る舞いをするでしょう。

数多《あまた》あるストリーミングサービスのあちこちで極端な政治的主張やヘイトがお気軽に送受信されるリスクに対して、「それはコンピューターのアルゴリズムで検閲すればいい」というのはあまりにも楽観的すぎる姿勢です。プラットフォームが提供された時点で、人の意識は暴れだし、時に制御不能となる。利益目的の業者による「フェイク」が多々混じっていたとはいえ、あくまでもニュース事業者が主体的な役割を担っていた米大統領選挙や欧州での極右台頭を「ウェブポピュリズム1・0」とするなら、シロウトが直接殴り合うストリーミング時代は「ウェブポピュリズム2・0」に突入するのかもしれません。

第6章

タブーへの挑戦

パイオニアたちの闘い

Ⅰ

大麻解禁という世界的潮流

先駆者は「世界一貧乏な大統領」

「世界一貧乏な大統領」と呼ばれたウルグアイのホセ・ムヒカ元大統領をご存じでしょうか。２０１２年にブラジルのリオデジャネイロで開催された「国連持続可能な開発会議（リオ＋20）」で、行き過ぎた消費社会に対する警鐘を鳴らしたスピーチが世界中の人を感動させ、日本でもその内容をもとにした書籍や絵本がベストセラーになりました。

時に政治家は貧者の味方を装い、貧困を政治の道具に使うことがありますが、彼はえせではなく、本当に貧者の視点を持っている。名門大学を出て、官僚を経由して政治家になったようなエリートとはまったく考え方が違います。

ムヒカは20代の頃、ウルグアイの極左武装組織「ツパマロス」に参加し、誘拐などのゲリラ活動に従事したガチガチの過激派出身者です。何度も逮捕・投獄された後、１９７２年には警察との激しい銃撃戦を繰り広げてまたしても逮捕され、そこから軍事政権が終わるまで13年間も収監されていました。

若い頃にとことん過激なことをやり尽くし、どん底で生き抜いたムヒカの魅力は、「リスク」というものに対する考え方がものすごく柔軟なことです。その象徴が、２０１３年に大麻の栽培と販売、使用を合法化したことでしょう。大麻といえばオランダや米コロラド州などが有名ですが、国単位で栽培、販売、使用をすべて合法化したのはウルグアイが世界初です。

ムヒカの狙いは、麻薬カルテルの資金源を断つことでした。彼は若い頃、おそらく麻薬の売り手側に限りなく近かった――少なくとも、その内情を熟知する立場にいたはずです。だからこそ、カルテルの〝アキレス腱〟もよく知っていた。大麻を流通させて末端価格を下げれば、カルテルの資金源であるコカインの価格も底割れし、武装するための経済力を保てなくなると考えたのです。

大麻や麻薬をめぐる議論に関しては、洋の東西を問わず、ロジックよりも倫理観や道徳観が先に立つケースが少なくありません。例えば、アメリカではプロテスタント的な価値観が立ちはだかりますし、日本に至っては言霊《ことだま》信仰的に、大麻の是非を議論することさえ忌避される傾向にあります。当然、政治家も落選を恐れてそんなことはなかなか口に出せません。

しかし、ムヒカは倫理を超える采配をしました。彼の考えでは、資本主義というシステムは倫理を持たないものであり、それに対して倫理観に縛られた状態で戦えば、社会に

「大きな穴」ができ、そこに巨悪（ウルグアイでいえば麻薬カルテル）が生まれてしまう。それならば、いっそ倫理観や価値観そのものを変えて、政治の側も資本主義にアダプテーション（適応）すべきだ——彼はそう判断したわけです。

もちろん、ウルグアイでも治安悪化を懸念する声など、大麻合法化への反対意見は強かったのですが、ムヒカはそれを押し切って世界初の政策を実現しました。「世界一貧乏な大統領」という美辞麗句もいいですが、ムヒカという人間の本質を知りたいなら、そうしたラディカルな一面にも注目してほしいと思います。

雪崩を打ったアメリカ

「トランプ・ショック」の陰に隠れてあまり目立ちませんでしたが、２０１６年11月、米大統領選と同時に９つの州で大麻合法化の是非を問う住民投票が行なわれ、新たにカリフォルニア、ネバダ、マサチューセッツの３州で大麻の嗜好《しこう》品使用、フロリダなど４州で医療用使用が解禁されることになりました。これで、全州の半数を超える28州と首都ワシントンＤＣが医療用を、８州が嗜好用を認めたことになります。今も連邦法では大麻使用は禁止されていますが、「各州の意思」が強く尊重されるアメリカ特有の事情もあり、大麻解禁の流れは止まりそうにありません。

〝モラルマジョリティ〟やキリスト教右派が力を持っていたかつてのアメリカ社会では、大麻は当然のように忌避されていました。しかし、1960年代に若者たちの間でドラッグが爆発的に広がった過程で、「大麻くらい大したことない」という感覚がすっかり定着していったのです。日本では大麻使用経験者などごく少数だと思いますが、アメリカの一般人レベルの肌感覚をざっくばらんに申し上げれば、大人なら〝経験済み〟の人がかなり多いはずです。実際、僕の大学時代（1980年代）もキャンパスの寮で大麻をやる学生は珍しくもなんともなく、よほど大っぴらでなければ当局も「お目こぼし状態」でした。

そして近年、特に2000年代以降は、大麻をめぐる法的な議論がまさに現実的な問題として俎《そ》上《じょう》にのぼっています。意識調査の結果を見ても、高齢層を中心に今も大麻を潔癖なまでに嫌う人がいる一方で、「大麻程度のドラッグは許容すべきだ。経験によって学べる適度な用量・用法を守れば問題はない」と考える人も多く、全米の過半数の人々が嗜好用大麻を容認しています。これは大麻解禁派の巧みなロビー活動の賜物でもありますが、医療用にせよ嗜好用にせよ、先行解禁した州で税収アップ、警察や刑務所の負担軽減といった〝実益〟が実証されたことも追い風となっているでしょう。

そんななかで、カリフォルニア州が嗜好用大麻の解禁を決めたことは大きな意味を持ちます。全米最大の経済規模を誇る同州の2015年の州内総生産は、フランス、イタリア、カナダなどのGDPを超え、国家と並べてランクづけしても世界第6位。議員数も圧倒的に多く、波及力の大きさはこれまでの解禁州とは比べ物になりません。

また、一連の住民投票で西海岸に〝マリファナ・ベルト〟ができあがったことにも注目です。西海岸では大麻関連のスタートアップが熱を帯びており、今後はゴールドラッシュならぬ〝グリーンラッシュ〟が起こると予想されていますが、ビジネス上の最大のネックは大麻の使用が連邦法で禁じられていること。そのため貸し渋りをする銀行もあるようで、2018年にも国家として嗜好用大麻が解禁される見通しの隣国カナダに拠点を移すスタートアップもあるといいます。

そんななか、2016年10月にはあのマイクロソフト社が、大麻の自動販売機を扱うスタートアップ企業と提携し、大麻の販売状況を追跡するソフトウエアを提供すると発表しました。アメリカの大麻市場は拡大の一途をたどっており、2015年に合法的に販売された大麻の売り上げは50億ドル以上。そんな〝有望産業〟に、ついに誰もが知る世界的超大手企業が参入を決めたことで、情勢がさらに大きく動き出す可能性もありそうです。

日本の「ダメ、ゼッタイ」はどこからくるのか?

こうした世界の潮流とは対照的に、日本ではいまだに大麻に対して、ハードドラッグと同じように「ダメ、ゼッタイ」という感覚を持っている人が大多数でしょう。

そもそも、日本で大麻が禁止されたのは戦後になってからのことです。ＧＨＱの占領時、日本には嗜好品として大麻を吸引する文化はありませんでしたが、その原料となるアサは普通に栽培されており、地域によってはそこらじゅうに自生していました。しかし当時、アメリカではまさに大麻吸引が社会問題化していたため、兵士たちの風紀の乱れを懸念する声が高まっていったのです。

禁酒法（１９２０年施行）時代のアメリカでは、アルコールに代わる嗜好品として大麻が流行していました。しかし、紆余《うよ》曲折あって１９３３年に禁酒法が廃止されると、連邦政府は〝次のターゲット〟を大麻に定めます。そして１９３６年に反大麻のプロパガンダ映画『リーファー・マッドネス（大麻の狂気）』が製作されると、翌１９３７年には早くも全米で大麻が非合法化されたのです。

反大麻キャンペーン真っただ中の米政府からすれば、占領下の日本で大麻（アサ）がそこらじゅうにある状況は、決して看過できるものではありませんでした。そういった事情から、米側の主導で１９４８年に大麻取締法が制定されたといわれます。日本はいうなれば、親分の都合で押しつけられた法律を、親分の国で解禁が進んだ後も、疑問さえ抱かず守り続けているというわけです。なんとしつけのいい子分でしょうか。

欧米では１９９０年代以降、盛んに大麻の（痛み止めとしての）医学的研究が行なわれてきましたが、日本では今もこれを合法的に研究する枠組みすらありません。大麻は約70

年前に「法律の外」に追いやられ、そのまま「科学の外」にまで放り出されてしまっているのです。

僕は大麻解禁におおむね賛成の立場です。しかし、元女優で参院選にも出馬し、後に大麻取締法違反容疑で逮捕・起訴された高樹沙耶《たかぎさや》さんを含め、日本の数少ない大麻解禁論者たちの主張にはなかなか同意できません。なぜか論拠に非科学的なもの、妙な陰謀論がちりばめられ、実に怪しい話が展開されがちだからです。「大麻について語る人たちは怪しい」というイメージを定着させてしまった従来の解禁論者たち自身も、大麻を科学の外に追いやり、まともな議論ができない状況づくりに加担してきたといえるでしょう。

あくまでも科学的に、社会全体にとってのメリットもデメリットも勘案した上で、やる価値があると判断するならやってみればいい。酒やたばこが許されて、大麻が許されないのは合理的なのかどうか。〝悪魔化〟も〝神聖化〟もせず、冷静に検証すればいいと思います。そろそろ「ダメ、ゼッタイ」から一歩踏み出して、まずは健全な議論を。

麻薬の非犯罪化という〝劇薬〟

これまで薬物の所持や使用に死刑も含む極めて厳しい刑法罰を科してきたタイで、最近はまったく別方向の「麻薬対策」が議論されています。その対策とは、ひと言で言えば麻薬（大麻ではなく覚醒剤などのハードドラッグ）の〝非犯罪化〟です。
そのモデルケースとなるのがポルトガルの例です。ポルトガルでは2001年以来、大麻からヘロインまで、ほとんどの薬物の少量所持に対して刑罰を科していません。これによって薬物使用率は下がり、過剰摂取による死亡事故や注射器の使い回しによるHIV感染件数も減少。さらに中毒患者の治療や社会復帰といったアフターケアも含め、包括的な施策がかなりの効果を上げているといわれています。

もちろん、人口1000万少々の欧州の民主国家と、約6500万もの人口を抱える軍事独裁政権で、しかも隣国（ミャンマー）で大量の覚醒剤が製造されているタイとでは事情があまりにも違いますから、同じやり方でうまくいくかどうかはわかりません。ただ、麻薬の非犯罪化という方向性は、今やWHO（世界保健機関）も推奨する世界的な流れでもあります。

1990年代には、国際社会は麻薬を取り締まり、厳罰を科すことで根絶やしにしようとしていました。しかし、麻薬は地上から姿を消すどころか、むしろ世界中に蔓延してしまった。言い換えれば、人類は麻薬との戦争にすでに負けているのです。

近年、世界の違法・脱法薬物市場の爆発的拡大を支えているのが、日本では「闇サイト」とも呼ばれるダークネットです。ダークネットとは、一定期間を経ると痕跡を残さず消えるため、誰からも身元を知られることなくアクセス可能なウェブサイトのこと。ビットコインなどの仮想通貨を決算に利用することで、銃器や違法薬物などあらゆる不法売買の取引が匿名で行なわれています。２０１７年７月、世界最大のダークネット『アルファベイ』は米司法省などにより閉鎖されましたが、すでに世界中で〝競合サービス〟が乱立状態ですから、コアな利用者たちは別のダークネットを使うことになるだけでしょう。

麻薬取引といえば、かつてはマフィアや麻薬カルテルが互いに牽制《けんせい》し合いながら参入障壁の高い閉鎖市場を形成し、（法とは違う）一定のルールの下で純度の高い〝上物〟と混ぜ物の多い〝粗悪品〟がそれぞれ流通していました。ところがダークネットの出現により、そういった統制がきかなくなった市場はカオス化。「ドシロウトからドシロウトへ」の個人売買が一般化してしまったのです。

その結果、欧州などでは混ぜ物だらけの〝死を招く合成麻薬〟が若者たちを蝕《むしば》んでいます。例えば、合成麻薬ＭＤＭＡの原料をダークネットで購入した10代の少年が、ネット動画の見よう見まねで適当な配合の錠剤をつくり、それをまた売りさばく……といった危険な行為が横行しているわけです。

今やイギリスでは、音楽フェスやクラブイベントの会場入り口でボランティアスタッフがＭＤＭＡの純度を計測するキットを使用し、「使っていいＭＤＭＡかどうか」を判定してくれるサービスを実施しているほど。もちろんＭＤＭＡはイギリスでも違法薬物ですが、一緒くたに取り締まってしまうと、かえって〝粗悪品〟を隠し持って使う若者たちが命を落とす事故が増えるばかりなので、個人の使用や所持には目をつぶってでも薬物死を減らそうという取り組みにシフトしているわけです。

できるはずのない「根絶」を目指すより、人間社会が麻薬というものの特徴や危険性を〝咀嚼《そしゃく》〟できるよう、時間をかけて浸透させていくべきだ――。近年、世界各地で麻薬の非犯罪化や合法化が検討されているのには、そんな背景があります。例えば米オレゴン州では先日、MDMA、コカイン、ヘロイン、メタンフェタミンなど6種類の違法薬物の個人利用を合法化する法案が議会に提出されました。もはや取り締まりを厳格化したところで薬物使用に歯止めはかからず、刑務所の収容人員も限界。ならば、個人使用だけは認めて管理しようということです。

非犯罪化のメリットのひとつは、薬物が「普通に流通する」ことによる品質の向上です。日本では終戦直後、闇市に出回ったメチルアルコールを飲んで失明した人もいたそうですが、酒と同様に薬物も、品質管理の行き届いたものが出回れば、危険な〝混ぜ物〟を摂取して命を落とす人はかなり減るでしょう。さらに、非犯罪化して取引がオープンになれば、薬物の価格は劇的に下がり、闇市場に大打撃を与えることができます。そして、健全化されたマーケットで得られた税収をもとに治療プログラムを組めば、薬物で身も心も滅ぼしてしまうような人も減る……といった効果も期待されています。

ところが、日本ではこうした世界の潮流に乗るどころか、大麻合法化の議論さえタブー視されています。代表的なのはこんな意見でしょう。

「そもそも日本には深刻な麻薬問題が存在しない。なぜ、わざわざ問題をつくる必要があるのか？」

今の時代、こういう現状認識を決定的に間違えているような態度はものすごく危険です。世界中に薬物は蔓延し、グローバル化で物理的な敷居も下がっているからです。

例えばアメリカで中毒者が激増し、大きな社会問題となっている麻薬性鎮痛薬「フェンタニル」にしても、その原料の主な〝輸入先〟は中国だといわれています。また最近では、「カンナビノイド」と呼ばれる大麻そっくりの効果をもたらす毒性の強い合成薬物も流行の兆しがありますが、やはり主な〝出荷元〟は中国だとされています。

このように、中国が世界の麻薬問題の震源地のひとつである以上、いつ何時、日本にその波が襲ってくるかわかりません。そして、どう頑張っても〝完璧な防波堤〟などつくれないことは、過去の世界中の事例が証明しています。となれば、できることは波の衝撃を緩和する――つまり、「麻薬のある社会」への準備を進めることではないでしょうか。

2

宗教世界に現れた革命家

ローマ法王の反グローバリズム運動

ナオミ・クラインという女性ジャーナリストをご存じでしょうか。ベトナム戦争に反対してアメリカからカナダに亡命した両親に育てられ、トロント大学在学中にジャーナリスト活動を開始。欧米で反グローバリズム運動が台頭する契機になった、１９９９年のシアトルでのＷＴＯ（世界貿易機関）に対する抗議デモの直後に『ブランドなんか、いらない』という著作を発表し、一躍注目された人物です。

同書はナイキやマクドナルドといったグローバル企業の工場の劣悪な労働実態を告発しているのですが、彼女の素晴らしさは、旧態依然とした活動家のように大企業の悪事をただ非難するのではなく、並行してさまざまなアクションを起こし、実際に企業の行動を変えたことにあります。アメリカが愛国一色に染まったイラク戦争開戦時にも、彼女は世論に屈することなく戦争反対を力強く訴え、後になってその主張が正しかったことが証明されました。

平均的なアメリカ人からすれば、彼女は「外国でアメリカを貶《おとし》めるうるさい女」かもしれません。しかし、非常に雄弁で説得力もあり、かつ女性としても非常に魅力的なので、「うっとうしい左翼オバサン」にはならない。そして、その魅力を自分自身で利用するようなしたたかさもあります（こういうところは、日本の活動家の皆さんにもぜひ見習ってほしいところです）。

そんな彼女が最近、バチカンのカトリック教会に急接近しています。2015年7月、バチカンで大規模な気候変動の問題について話し合う会議が開かれたのですが、フランシスコ法王がその場に彼女を参加させたのです。世界的なガチンコの活動家と、カトリック教会の頂点に立つ法王が手を組む――これは本当に画期的なことです。

その背景には、深刻化する地球の環境問題があります。残念ながら、この問題はもはや国同士が話し合うだけで解決することは難しいと言わざるを得ません。

例えば当時、石炭業界の支持を受けているオーストラリアのアボット首相は、地球温暖化の存在自体を否定する立場をとっていました。アメリカのオバマ大統領も、環境に配慮したエネルギー政策を打ち出しましたが、議会で優位にあった共和党との駆け引きの結果、妥協を重ねて骨抜きにされてしまいました。

このように本来、率先してこの問題に取り組むべき先進国ですら、政治的リアリティに屈服してしまうケースが少なくない。そこで、フランシスコ法王やナオミ・クラインは、

「宗教の力」を使って環境問題を解決しようとしています。

初の南米出身法王として知られるフランシスコ法王は、環境問題への意識が高く、また欧米資本主義が支配するグローバリズムにも懐疑的ですが、これは過去の法王には見られなかった姿勢です。

資本主義によって人類が豊かになったことは否定しようもありませんが、特にグローバリズムが世界を覆った1980年代以降、先進国は途上国の安い労働力を収奪して富を増やし、南北格差を拡大させるとともに、地球環境を破壊してきました。そして、その間ずっとヨーロッパ出身の法王が治めてきたバチカンも基本的には先進国と結託し、ある意味で資本主義に便乗してきたといえます。

一方、そんな潮流へのカウンターとして、カトリック教会にとっては〝亜流〟の動きではありますが、20世紀後半には南米を中心に「リバレーション・テオロジー（解放の神学）」という社会主義運動と合体した教えが生まれます。貧困層に支持され、一時は大きな盛り上がりを見せたこの動きは、マルクス主義的な色合いが濃く、もちろん当時のバチカンからは拒絶されました。

ところが、南米出身の現法王フランシスコはまさに〝貧者のためのカトリック〟を体現してきた人物で、法王として発信していることの内容も「解放の神学」に非常に近い。従来のバチカンとはまるで逆のほうを向き、反グローバリズムの姿勢を明確にしているのです。

2015年6月、フランシスコ法王は気候変動についての「回勅」を発表し、全世界のカトリック教徒、そして国際社会に向かって、「今世紀にとてつもない気候変動と、未曽《みぞ》有《う》の生態系破壊が起き、深刻な結末を招きかねない」と警告しました。ちなみに、この「回勅」の大部分を考え、前述の会議にナオミ・クラインを呼び寄せたのは、フランシスコ法王の就任以前は〝次期法王最有力候補〟とも目されていたガーナ出身のピーター・タークソン枢機卿といわれています（もし初の黒人法王誕生となれば、オバマ大統領就任以上のインパクトがあったでしょう）。

世界には約12億人のカトリック教徒がいますが、その内訳は人口が増加している途上国が多く、バチカン上層部の軸足も今や途上国側にあります。このまま資本主義を暴走させれば、地球は取り返しのつかないことになる――そんな呼びかけに、信仰心の篤《あつ》い信者たちが応えれば、本当に何かが変わるかもしれません。

この超ダイナミックな世界の動きと比べると、日本における「環境活動」のスケールの小ささ、内向きな姿勢には頭を抱えたくなります。

中国や東南アジアの国々では、日本を含む先進国の企業が工場を構え、現地の労働者が低賃金で働いています。特に中国では、アパレル企業の2次請け、3次請けの工場が毒性の高い染料をそのまま川に垂れ流すなどして深刻な環境汚染も起きています。日本人は、そこで働く労働者の劣悪な環境の上に幸せを享受している。どう考えても他人事で済む話ではないはずなのですが——。

闘うムスリム・フェミニスト

今の世界情勢では、イスラム過激派によるテロが一定の割合で起きてしまうことは避けられない。かといって、ムスリムへの監視を強めるというような短絡的な発想は、社会の〝溝〟を深めるだけで、なんの解決にもならない——そんな話を第3章で書きました。

もし根本的な解決策があるとすれば、それはイスラム世界そのものを変えることです。実は、そういう注目すべき動きが、イスラム世界の内側から出てきています。

2011年1月、チュニジアの独裁政権が崩壊したジャスミン革命を皮切りに、「アラブの春」と呼ばれるデモの嵐が吹き荒れました。盤石な独裁政権下のサウジアラビアやイラン、すでに紛争状態にあったイラク、「アラブの春」が大弾圧と内戦の引き金になってしまったシリアなどは別にして、多くのアラブ諸国で民衆が蜂起し、政権が転覆したり、社会が大きく動いたりといった変革が起きました。

しかし、今振り返ってみれば、結果的にはさほど状況が好転しなかった国が多いのも偽らざる事実です。例えばエジプトでは、ムバラク独裁政権の崩壊後、イスラム主義政党のムスリム同胞団が政権を掌握。その後、混乱のなかで軍がクーデターを起こし、今も軍事政権下にあります。この軍事政権は、過去の圧政を表面上は批判しながら、実のところ同じように宗教という〝印籠〟を使い、無神論者や女性、ゲイを弾圧しています。

ただし、以前と違うのは、理不尽な圧政に対する〝カウンター〟が存在感を発揮していること。その中心人物のひとりが、モナ・エルタハウィという女性です。

モナはエジプト系アメリカ人のジャーナリストで、「アラブの春」のときはエジプトの首都カイロに入り、英語とアラビア語で24時間、生々しい情報をツイートし続けました。ところがその後、新たに出現したムスリム同胞団の圧政と戦うためにカイロで抗議デモに参加した際、警察に捕まってしまいます。すぐに世界中のフォロワーから非難の声が殺到し、当局はやむなく彼女を解放しますが、拘束中には暴力で両腕を折られたり、大勢の男たちから股間に手を入れられたりするなど、ひどい性的暴行を受けたといいます。

男尊女卑のアラブ社会では、ほかにも同じような目に遭った女性が数多くいますが、彼女たちは報復を恐れ、声を上げられませんでした。ところが、モナは両腕にタトゥーを入れ、髪を真っ赤に染め、カイロで活動を再開したのです。女性が肌を見せることすら許されない保守的なアラブ社会では、とうてい考えられないことです。

ちなみに、彼女が右腕に入れたタトゥーは〝復讐とセックスの神〟とされる古代エジプトの女神「セクメト」をかたどっています。現在のイスラム世界で女性が受ける抑圧や性暴力に復讐しつつ、一方で気に入った相手とは思う存分ファックしてやるぜ！　そんな挑発的なメッセージが込められているのです。

モナはこう言います。イスラム世界を変えるために必要なのは、女性の意識と性の解放だ。頭の中からは独裁者ムバラクを追い出したけれど、寝室にはまだムバラクがいる。これは、私たちの膣《ちつ》から独裁者や原理主義者を立ちのかせるための運動だ。ただし、私が気に入った人は、私がいいと言ったときには入ってきてほしい。アラブ女性よ、もっとセックスをしよう、フェアなルールで――。

モナは〝欧米で評価されるアラブ系フェミニスト〟という枠にとどまらず、イスラム世界の内側で声を上げ続けています。自分が汚されたり、弾圧されながらも戦い続ければ、いろんな方面から応援を引き出せることを知っているからです。ろくな戦略もないまま原理原則を振りかざしたり、安全地帯から綺麗事を言う人たちとは次元が違います。「『聖典コーランの内容自体は男尊女卑ではない』というなら、現在の法解釈が間違っている。それを変えろ」という彼女の発言には、本当に度肝を抜かれました。最悪の場合、どこかでファトワ（宗教指令）が出されて刺客が来てもおかしくないというのに……。

もちろん彼女の言説は、イスラム世界では賛否両論です。過激な原理主義者だけでなく、敬虔《けいけん》な信仰心を持つ穏健派のなかにも、快く思わない人も多いといいます。男性と女性を分けるのは悪いことではない、西洋の価値観を押しつけるな、と。それでも、モナの味方はジワジワ増えているように見えます。「アラブの春」は決して無意味だったわけではなく、人々の心を着実に解放させているのだと思います。

モナはまた、アメリカでも戦っています。〝胎児の人権〟を振りかざしてレイプ被害者の中絶をも許さないキリスト教右派議員や、反ムスリムキャンペーンを張る極右団体とバチバチやり合っています。そもそも、こういったタカ派の支持を受けた共和党政権が、かつてはエジプトのムバラク独裁政権を支援してきたわけですから、そういう意味でも彼女の活動は筋が通っています。

大局的な視点で言えば、モナの活動は、2014年にノーベル平和賞を受賞したパキスタン出身のマララ・ユスフザイさんにもつながっていきます。受賞当時、「マララはリベラルな大人たちが、イスラム世界を悪く見せるために利用している〝パンダ〟だ」という心ない批判が一部ではびこりましたが、モナとマララの活動を合わせて理解すれば、この批判がいかに的外れかわかります。

女性が教育を受ける機会、発言する機会が極めて制限された社会では、女性は力の抑圧に対抗する術《すべ》を持てず、家に押し込められ、貧困が下の世代に受け継がれます。逆に言えば、女性がみんな教育を受け、文字が読めるというラインを越えれば、一世代で政治秩序や社会秩序は変わる。過激な原理主義が力を持つための土台が揺らぐ。イスラム原理主義勢力パキスタン・タリバン運動はそれを恐れて、まだ中学生ながらパキスタンの現状を欧米メディアへ告発していたマララの頭を銃弾で撃ち抜いたのです（彼女が生き延びて世界的な女性活動家となったことで、その凶行は完全に裏目に出たわけですが）。

教育という〝苗〟を植えるマララと、成長した大人の女性を解放するモナ。下世話な言い方になりますが、上（頭）からも下（膣）からもフェミニズムのデモクラシーを促す彼女たちの活動を応援することは、イスラム世界をいい意味で多様化、流動化させていくことにつながると思います。

3

オバマは何を変えたのか？

初の黒人大統領はラディカルな現実主義者

アメリカ初の黒人大統領バラク・オバマの8年間をどう評価するか――。欧米のトップメディアでも賛否が分かれるテーマです。特に外交政策に関しては、基本的にオバマを支持していたリベラルなメディアでさえ厳しい論調が目立ちます。

しかし、彼の大統領ラストイヤーとなった２０１６年春、米誌『ザ・アトランティック』に掲載された「オバマ・ドクトリン」という長文記事は、非常に面白い視点を提供してくれました。執筆者はジャーナリストのジェフリー・ゴールドバーグ。大統領専用機エアフォース・ワンにも同乗するなど、相当突っ込んだ密着取材をもとに書かれた記事で、オバマに対する「決断力に乏しい大統領」といった評価に対するカウンターとして、かなり説得力のある内容になっています。

その代表例が、シリアのアサド政権に対する〝煮え切らない態度〟です。2013年、アサド政権がシリア国民に対して化学兵器（サリン）を使用しているという疑惑が浮上。「化学兵器は〝レッドライン〟だ」と警告していたオバマは、シリアに対する軍事行動を示唆したものの、米議会の反対もあって結局、介入は取りやめになりました。

オバマの決断力のなさが、アメリカの国際的な権威を損ねた。シリアの民間人たちを見殺しにした。これでシリア問題における主役の座をロシアに奪われた――。当時のアメリカでは、こんな論調が主流でした。また現在では、このときシリアに介入しなかったことで〝政治的空白〟が生まれ、ＩＳが勢力を拡大したとも批判されています。

しかし、前述の記事は、かなり深い切り口でその真相を明らかにしています。

当時、シリアへの軍事介入はほぼ決定事項で、ミサイルの目標地点まで決まっていた。しかし、オバマは2003年のイラク戦争と同じ轍《てつ》は踏みたくないと考えた。当時のジョージ・ブッシュ大統領はＣＩＡ長官から「サダム・フセインの大量破壊兵器使用は

〝スラムダンク（確実）〟だ」と聞いて開戦を決断したものの、その情報は大間違いで、アメリカはその後、大義のない戦争に長く苦しめられることになったからです。

そこでオバマは、情報機関の担当官を呼び寄せ、「アサド政権のサリン使用を断定できるか」と厳しく追及。担当官は、「ほかの勢力が使用した可能性もなくはない」と返答します。オバマは、「これは〝抜けられない戦争〟にアメリカを引きずり込む罠《わな》かもしれない」と考え、直前での方針転換を決意したのです（今ではやはりアサド政権の化学兵器疑惑はほぼ〝クロ〟と断定されていますが、ここではその話には深入りしません）。

ここからがオバマの深謀遠慮の本領発揮です。彼は大統領権限で「介入をやめる」とは言わず、軍事介入が正しいかどうか、あえて議会に判断を委ねた。当時の米議会下院は共和党が多数派で、オバマが「やる」と言ったことにはなんでも反対していたので、このときも否決されることを見越して「議会に是非を問うた」のです。それでも優柔不断との評価はつきまといますが、少なくとも「オバマが独断で前言撤回した」という批判をかわすことには成功したわけです。

アメリカはこれまでベトナム、ニカラグア、アフガニスタン、イラクなど、多くの国に「人道的に軍事介入」してきました。軍事力で世界の平和を主導することこそが、アメリカの信頼性を担保する――これが基本方針でした。

しかし、オバマはこのロジックに極めて批判的です。前述の記事で、オバマはこんな趣旨のことを語っています。

「ワシントン（米政府）には、大統領の外交政策に関する『脚本《プレイブック》』がある。外交既得権層《フォーリン・エスタブリッシュメント》が書いたその脚本に従うと、すべての外交上の決定は軍事優先になり、結果として歴代大統領は意味のない戦争に突入した。『自分が爆弾を落とせる』ことを示すためだけに、誰かに爆弾を落とすのは本当にバカげている」

もちろん、すべての軍事行動に意味がないとはいえません。短期的に見れば救われた命もあるでしょう。しかし結局、アフガンでもイラクでも、アメリカが介入しても平和は訪れなかった。中東には混沌が残り、そして激しい反米感情が芽生えた——。

実は、先ほどのシリアの話には続きがあります。2013年9月のG20サミットで、オバマはロシアのプーチン大統領に対し、「アサドに化学兵器をなくすよう働きかけてくれたら、アメリカはシリアを攻撃しない」と約束したといいます。つまり、オバマは出口の見えない軍事介入を避けて目的を達成できるなら、たとえロシア主導であろうと、アメリカの威厳が損なわれようと構わないと考えたのです。

ただし、オバマは単なる平和主義者ではありません。サウジアラビアなど中東の同盟国がアメリカをいいように利用していることを苦々しく思っており（イランとの接近もその表れでした）、また大統領として表立って口にはできませんが、中東問題全般に関しても「宗教と現実を和解させる努力をしていない」と、驚くほど悲観しています。

しばしば多様性や寛容、格差是正といった理想を語り、ノーベル平和賞受賞者でもあるオバマは、その一方で歴代のどの大統領よりラディカルな現実主義者でもありました。僕はそのビターチョコレートのような渋み、複雑な二面性がたまらなく好きだったのですが、多くのアメリカ人はその苦みに耐え切れず口から吐き出し、今度はトランプという〝砂糖まみれの大統領〟を選んだのでしょうか。

際どすぎるオバマ・ジョーク

「ＣＰＴで来てしまいました。すみません」

２０１６年４月末に開催された、毎年恒例のホワイトハウス記者晩餐会《ばんさん》。オバマは開始時刻からやや遅れて登場すると、のっけからこのフレーズで場内を沸かせました。

ＣＰＴとは〝Colored People's Time〟の略で、「黒人は時間にルーズだ」という偏見にもとづいた人種差別的な表現。黒人同士の会話で自虐ジョークとして使うのはアリですが、白人が黒人に対して使うのは「アウト」というスレスレの言葉です。折しもその約２週間前には、この言葉をニューヨーク市長（本人は白人、妻が黒人）が口にして物議を醸したばかりでした。

しかも、当時オバマは大統領在任８年目で、これが最後のホワイトハウス記者晩餐会。

そのオープニングで、彼はタイムリーな際どいジョークをいきなりぶちかましたのです。

その瞬間、会場ではまず、黒人たちがバカ受けでした。一方、白人たちは一瞬フリーズし、「笑ってもいいんだよな?」と、様子をうかがいながら恐る恐る笑っていました。

あの笑いには、黒人たちにとってある種の〝解放感〟が含まれていました。かつては給仕や雑用係としてしか入れなかった場所に、今や大統領、報道デスク、あるいはセレブとして「出席」している――。そのしみじみとした雰囲気を白人たちも感じ取ることで、二重三重にも生まれる感動。実に見事な〝つかみ〟でした。

そこからオバマは、あらゆる人物をイジり倒します。まずは〝身内〟である民主党の大統領候補だったバーニー・サンダースを「若手のホープ」と紹介(本当は当時74歳)。さらに、欠席したヒラリー・クリントンにも言及、必死で若い有権者にアピールしている様子を「まるでフェイスブックに登録したばかりの親戚のおばさんみたい」と、ユーモアたっぷりに紹介して笑いをとりました。

自分(黒人ジョーク)、身内ときたら、次の標的は共和党です。当時、オバマの支持率は上昇基調にあったのですが、それについて「自分はずっと同じことしかやってないのに、なぜ支持率が上がるのかわからない」と話している最中に、会場のスクリーンには共和党大統領候補のトランプとクルーズの顔写真を映し出す(共和党の〝質〟がひどいから、自分の支持率が上がったという皮肉)。彼らを含む共和党候補たちが予備選で互いをけなし合っていることについても、「私は8年前、政治議論のレベルを変えるべきだと言った。今思えば、どう変えるべきかまで具体的に言っておくべきだった」とバッサリです。

さらには、弱体化する老舗メディアが〝ウケるネタ〟に傾倒してタブロイド化し、それがトランプ旋風を生んだ……という話を、実に巧みに、クレバーに、そして説得力を持って熱弁。そして最後は、イラン当局にスパイ容疑をかけられてその年の1月まで拘束されていたジャーナリストをたたえ、メディアの役割、民主主義の重要性を訴えて、30分を超えるスピーチを終えました。会場がスタンディングオベーションに包まれたのは言うまでもありません。

政治家にとって言葉は最強の武器です。その点、ユーモアと感動にあふれるオバマのスピーチ力は、歴史に残る素晴らしさでした。

「戦後の総決算」としての広島訪問

そこに入ったのは約40年ぶりのことでした。ローズウッド製の重いドア、薄暗い廊下、そして部屋のレイアウトまで、あの頃と同じです。

ＡＢＣＣ（原爆傷害調査委員会）――戦後、広島市に米国科学アカデミーが設立した被爆者の調査研究機関です。医師だった僕の父は、１９６８年にここへ研究員として赴任し、日本人の母、そして5歳の僕とともに、一家は広島で暮らし始めました。そして2016年5月、オバマ大統領が広島を訪れる数日前に、僕は40年ぶりにその建物（現在の名称は放射線影響研究所）を訪れたのです。

僕はよく、ABCCの廊下のベンチに座って漫画を読んでいました。『はだしのゲン』を読んだときは、ページをめくりつつ、子供心にある種の違和感を抱きました。なぜ、アメリカ人はこんなにも一面的に、憎むべき対象として描かれるのか――。

当時、多くの市民やメディアはABCCに対して「調査ばかりで被爆者の治療をしない」と批判的でした。確かに、終戦直後に設立された当初のABCCは、来るべきソ連との核戦争に向けた軍事的な調査機関としての意味合いが強かった。それは事実です。

ただ、僕が広島にいた1960年代末から70年代、そこで働くアメリカ人研究員たちは日本人に敬意を払い、純粋に医療面で日本に貢献するために調査に従事していました。発展途上だった日本の医療を進歩させるという志もありました。若い日本人医師が、父の知識や技術を必死に学ぼうとしていたのも知っています。

父の助手のひとりだった児玉和紀さんは、今も主席研究員として放射線影響研究所に勤務しています。児玉さんは2011年の福島第一原発事故の後、原子力災害専門家グループの一員として、半世紀以上にわたる同研究所の調査データをもとに、「幸いにして、低線量被曝《ひばく》での健康被害の可能性は考えにくい」と訴えました。

しかし、一部の反原発派の人々は、児玉さんに〝御用学者〟と心ない罵声を浴びせました。同時期に、ジャーナリストとして風説の真偽を追った結果、同じような人たちから同じように罵倒されていた僕としては、浅からぬ因縁を感じてしまいます。原爆、ABCC、アメリカ、日本、はだしのゲン、ヒロシマ、フクシマ、放射能。変わらない光景、40年ぶりの児玉さんとの再会は、僕に多くのことを思い出させました。

広島にやって来た僕は当初、インターナショナルスクールに通いつつ、家に帰ると近所の日本人の友達とよく遊び、自然と広島弁をマスターしました。スクールには僕のような日米ハーフの広島弁を話せる生徒が多く、日本語のわからないアメリカ人の先生に対して、広島弁で小ばかにするという悪ふざけがはやったこともありました。

しかしあるとき、学校側は校内で日本語の使用を禁じ、日本語の授業も初級編を除いてほぼ廃止されました。

「なんで日本語でしゃべっちゃいけんのじゃ！」

僕たちは反発しましたが、おそらく悪ふざけへの対抗措置だったのでしょう。

日米ハーフが多かったスクールに、両親ともアメリカ人で、アメリカのライフスタイルのまま暮らす生徒が増え始めたのもその頃です。彼らは日本にシンパシーがなく、広島弁を話さず、日本のテレビも一切見ない。日本人に対して人種差別的な発言をすることもあった。そういう〝白人優位ネタ〟に卑屈に同乗する裏切り者のハーフを、僕は心の中で殴りつけました。

そんななかでの、学校側からの一方的な「日本語禁止措置」。僕は自分の尊厳を守るために、日本の小学校に通うことにしたのです。

僕が5年生の2学期に転入したのは、五日市《いつかいち》のマンモス公立校です。僕にしてみれば、自分の〝日本人性〟を守るために来たのに、当初はベランダから身を乗り出した何学年もの大勢の生徒から一斉に「帰れ」コールを受けたこともありました。しかし、校長先生が朝礼で「仲良くしなさい」と言ってくれた後は状況が変わり、最終的には周りの推薦で生徒会長になりました。

私立の男子中学校に進学した後は、被爆者の祖父を持つ同級生と校庭で取っ組み合いのケンカをしたこともありました。彼はこう叫びます。

「わしのじいちゃんは、アメリカのせいで死んだ！」

「白人！　白豚！　ピカの責任をとれ！」

血気盛んな中学生ですから、こちらも売り言葉に買い言葉です。

「それがどうした！　ざまあみぃや！」

「おまえも親父もおふくろも、みんなピカで死ねばええんじゃ！」

彼は突然、大きな声で泣き始めました。まったく泣きやまない彼に、僕はただただ謝るしかありませんでした。

原爆の爆風で壁の下敷きになり、無数のガラス片が腕に刺さったという書道の先生も忘れられません。彼は最初の授業で、「よう見い！」と僕に傷痕だらけの腕を差し出してきました。

その後も彼は、左利きで書道が苦手な僕の字を見て「ミミズの這《は》ったような字じゃ」とからかうなど、事あるごとに絡んできます。それは僕にとっては悔しいというより、なんというか、苦々しいものでした。彼の言葉や表情には、「なんで原爆を落とした国の子供を学校に入れるんじゃ」という憤りと、「でも、子供に罪はない」という葛藤がにじみ出ていたのです。

その後、僕が右手で書くことを練習し、書道が上達すると、先生は一転して誰よりも褒めてくれ、「わしの代わりに、ピカドンのことをアメリカで広めてくれ」と、思いを託されるまでになりました。

中2の夏、僕は一時、アメリカに戻ります。そこで待っていたのは、まったくの別世界。原爆の悲惨さを教えるどころか、逆に「真珠湾野郎！」と罵《ののし》られることもありました。向こうでは僕は〝東洋人〟。白人からは差別を受け、同じように白人から差別されている黒人も、よりマイノリティな僕を攻撃する――。

もちろん、僕がずっとイジメを受けていたというわけではありません。しかし、差別が日常に内包された社会では、弱い者が弱い者を叩き、被害者が加害者となって別の被害者を生む。そんな現実を知ったのです。当時のアメリカ社会は原爆の歴史にも、先住民虐殺の歴史にも、黒人奴隷の歴史にも、まったく向き合っていませんでした。

そんな僕にとって、オバマの広島訪問、そして核廃絶を訴えたスピーチは、これ以上ないほど感動的なものでした。

オバマは2015年、白人の若者が乱射事件を起こした黒人教会を訪れ、人種差別の問題を正面から取り上げて批判する演説を行ないました。黒人ハーフで、自身も苦い経験をしてきたであろうオバマにしかできないものでした。広島でのスピーチも、「原爆投下への直接的な謝罪がない」との批判もありましたが、アメリカの政治力学上、あそこまで踏み込んだだけでも相当な決意だったと僕は思います。

そして、あのスピーチには崇高なメッセージが込められていました。スピーチは次のように始まります。

「71年前、晴天の朝、空から死が降り注いで世界が変わった。閃光と炎の壁が街を破壊し、人類が自分自身を破壊する手段を手に入れたことを示した」

その瞬間、僕には広島での少年時代にむさぼるように読んだ手塚治虫の世界がオーバーラップしました。手塚が多くの作品に込めた人類の破壊衝動の恐ろしさ、文明の愚かさといったメッセージが、そのまま重なって見えたのです。

国際政治のリアリズムを知るオバマは、「核廃絶は私の生きているうちには達成できないかもしれない」と言いました。この世界の見え方もまた、何百年、何千年にも及ぶ叙事詩《エピック》を描いた手塚と共通するものがあります。

広島平和記念公園の原爆死没者慰霊碑には、「過ちは繰返しませぬから」という一文が刻まれています。オバマはあのスピーチで、そこに「人類」という主語を入れたのだと思います。被害者・加害者を超え、全人類が未来を見るべきこと。憎しみは愛情や相互理解、和解で超えるしかないこと。それを訴え、「戦後」を終わらせようとしたのです。その言葉のひとつひとつが、僕の中にある広島やアメリカの記憶をつなげていきました。

おわりに——煽動の時代を生き抜くための個人防衛《セルフディフェンス》

本編の最後に、原爆を落とされた広島での話を書きました。もちろん核は〝禁断の兵器〟ですが、それを使用したアメリカのほうにもさまざまなストーリーがあります。

例えば、ナチスドイツには原爆を落とさなかったのに、日本には落とした。そこには複雑な背景がありますが、ひとつにはやはり人種差別もあったでしょう。ところが、原爆投下を決断した当時のトルーマン大統領はその後、再選を目指した1948年の大統領選挙で、政府や米軍の雇用に関して黒人に対する人種差別を撤廃すると表明し、さらに全国民へ選挙権を付与する公民権政策を打ち出しました。もちろんそれは単なる善意ではなく、選挙対策や国際社会へのアピールといった面もあったのでしょうが、それでも現実としてアメリカ社会における差別撤廃の大きな一歩になったことは間違いありません。

さて、彼は戦争を終わらせるためとはいえ、アジア人に対する差別意識から原爆を落とした「悪い人」でしょうか？　それとも選挙対策とはいえ、黒人差別の撤廃に貢献した「いい人」でしょうか？　……ひと言では言えませんよね。そういう深いこと、白黒つけにくい複雑なことを考える習慣が、人間としての柔軟さにつながると僕は考えています。

SNSで一日中、極端な意見を言い散らしたり、そうでなくてもネット上で「自分にとって気持ちいい意見」だけを見ているような人には、その柔軟さがありません。関節がガチガチに固まり、可動域が極端に狭くなった老人のようなものです。あるいは、ショッピングモールの中をぐるぐる回っているだけで世界を見た気になっているようなものかもしれません。見上げればそこはいつも同じような天井で、空さえ見えないというのに。

自分で言うのもなんですが、右端や左端ではなく「真ん中付近」にいる人たちにとっては、僕の言葉はそれなりに爽快感があると思います。ただ、どんなに僕がバランスの取れた話をしていると感じても、すぐに飛びつくのではなく、自分の頭でじっくり考えて判断してほしいのです。本当にモーリーの言うことは正しいのか、と。そして、そのチョイスに対する責任を自分自身で引き受けてほしいのです。

この本を最後まで読んでくださった方は、これから通勤などの際、いつもは歩かない場所を時々歩いてみてください。それだけでも何か普段と違うことを考えるはずです。世界の格差だとか、紛争だとか、そういった問題を変えるのは大変なことですが、あなたの日常からあなたの世界は変わる。そして、世界をよりよくしていきたいのなら、世界をより知った上で、それを広めていくことが大事なのだと思います。受け身の生き方から、能動的な生き方への転換。それが今を生きる個人にとっての「革命」の第一歩です。

2017年10月6日

モーリー・ロバートソン

モーリー・ロバートソン
Morley Robertson

1963年生まれ、米ニューヨーク出身。父はスコットランド系アメリカ人の医師、母は日本人のジャーナリスト。日米を行き来しながら両国の教育を受けて育つ。81年、東京大学とハーバード大学に現役合格。ハーバード大で電子音楽を専攻し、アナログ・シンセサイザーの世界的権威に師事。同大在学中の84年、初の著書『よくひとりぼっちだった』（文藝春秋）がベストセラーになる。91年から98年までJ-WAVEの深夜番組『Across The View』のパーソナリティ。インターネット黎明期からウェブでの発信にも取り組み、2007年には中国のチベットや新疆ウイグル自治区から生放送を行なう。近年は国際ジャーナリストとしてテレビ・ラジオの多くの報道番組や情報番組、インターネットメディアなどに出演するかたわら、ミュージシャン・DJとしてもイベント出演多数。

本書は週刊プレイボーイ連載コラム
「挑発的ニッポン革命計画」2015年1月～2017年9月掲載分に大幅に加筆・修正し、再構成したものです。

挑発的ニッポン革命論
煽動の時代を生き抜け

2017年10月31日　第1刷発行

著　者　モーリー・ロバートソン

編　集　星野晋平　コバタカヒト
装　幀　水戸部功
写　真　下村一喜

発行者　鈴木晴彦
発行所　株式会社 集英社
〒101-8050 東京都千代田区一ツ橋2-5-10
編集部　03-3230-6371
読者係　03-3230-6080
販売部　03-3230-6393（書店専用）

印刷所　凸版印刷株式会社
製本所　ナショナル製本協同組合

定価はカバーに表示してあります。
造本には十分注意しておりますが、乱丁・落丁の場合は購入された書店名を明記して、
小社読者係宛にお送りください。送料は弊社負担でお取替えいたします。
ただし、古書店で購入したものについてはお取替えできません。
掲載の文章・写真等の無断転載・複写は法律で定められた場合を除き、
著作権の侵害となります。
また業者など、読者本人以外による本書のデジタル化はいかなる場合でも
一切認められませんのでご注意ください。

©Morley Robertson 2017.Printed in JAPAN
ISBN 978-4-08-780826-1 C0095